LEÇONS ET RÉCITS

À L'USAGE DES CLASSES PRIMAIRES

PAR

E. RENDU

INSPECTEUR DE L'INSTRUCTION PUBLIQUE
DÉLÉGATION CANTONALE.

PREMIER VOYAGE
TOUR DE LA SEINE

avec des gravures.

PARIS
HACHETTE ET Cie
RUE PIERRE-SARRAZIN, 14

VOYAGES DU SAMEDI

CONVERSATIONS ET RÉCITS

1ᵉʳ VOYAGE

LE COURS DE LA SEINE

OUVRAGES DE M. EUGÈNE RENDU

RELATIFS A L'INSTRUCTION PUBLIQUE

UN MOT DE BON SENS SUR LA LIBERTÉ D'ENSEIGNEMENT.	1844
MODÈLES DE LEÇONS POUR LES SALLES D'ASILE, in-12.	1845
DE LA LOI DE L'ENSEIGNEMENT, Commentaire théorique et administratif, in-8 de 600 pages.	1851
DE L'INSTRUCTION PRIMAIRE A LONDRES, dans ses rapports avec l'état social, in-8.	1852
DE L'ENSEIGNEMENT OBLIGATOIRE, *Mémoire* à l'Empereur, broch. in-8.	1853
DE L'ÉDUCATION POPULAIRE DANS L'ALLEMAGNE DU NORD, et de ses rapports avec les doctrines philosophiques et religieuses, in-8 de 450 pages.	1855
GUIDE DES SALLES D'ASILE, in-8.	1859
M. AMBROISE RENDU ET L'UNIVERSITÉ DE FRANCE, in-8.	1861
NOTE SUR LA FONDATION D'UN COLLÈGE INTERNATIONAL.	1855
RAPPORT fait au nom du Comité de l'enseignement international, brochure, in-4°.	1862
JOURNAL DES SALLES D'ASILE, 15 volumes, publiés sous la direction de M. E. Rendu, de 1854 à 1869.	
DE LA NOMINATION DES INSTITUTEURS COMMUNAUX, broch. in-8.	1870
L'OBLIGATION LÉGALE DE L'ENSEIGNEMENT, broch. in-8.	1872
L'INSTRUCTION PRIMAIRE DEVANT L'ASSEMBLÉE NATIONALE, in-8.	1873
LES FRANÇAIS, *grandes époques et leur histoire*. Livre de lecture et d'enseignement historique. 10e édition, in-12.	
MANUEL DE L'ENSEIGNEMENT PRIMAIRE. Pédagogie théorique et pratique (ouvrage couronné par l'Académie des sciences morales et politiques), nouvelle édition, très augmentée, in-8 de 600 pages.	1881

5407-82. — Corbeil. Typ. et Stér. Crété.

VOYAGES DU SAMEDI

CONVERSATIONS ET RÉCITS

A L'USAGE

DES ÉCOLES ENFANTINES ET DES CLASSES PRIMAIRES

PAR

EUGÈNE RENDU

INSPECTEUR GÉNÉRAL HONORAIRE DE L'INSTRUCTION PUBLIQUE
ANCIEN PRÉSIDENT DE DÉLÉGATION CANTONALE.

PREMIER VOYAGE
LE COURS DE LA SEINE

Avec 41 gravures

PARIS
LIBRAIRIE HACHETTE ET Cie
79, BOULEVARD SAINT-GERMAIN, 79

1882

TABLE DES MATIÈRES

Avertissement....................................	1
Première causerie, Côte-d'Or.....................	1
Deuxième causerie, Aube.........................	15
Troisième causerie, Seine-et-Marne...............	26
Quatrième causerie, Seine-et-Oise et Seine........	44
Cinquième causerie, Paris........................	57
Sixième causerie, Paris..........................	65
Septième causerie, Seine-et-Oise.................	79
Huitième causerie, Eure.........................	96
Neuvième causerie, Seine-Inférieure..............	102
Dixième causerie, le Havre.......................	123

AVERTISSEMENT

Ce petit livre a la prétention de parler le langage que les mères emploient avec leurs enfants, et auquel devraient recourir, dans l'école, celles et ceux qui assument la tâche périlleuse d'y remplacer les mères.

Considérez cette anomalie bizarre : la mère, au foyer de la famille, vient d'accomplir des prodiges ; ce petit être dont aucune faculté n'était vivante et dont la langue était muette, elle l'a transformé en une intelligence capable d'entrer en relations avec l'univers. Pour cet enfant et avec cet enfant qui vient d'atteindre sa septième ou huitième année, elle a fait de la littérature, de la géographie, de l'histoire, de l'astronomie, de la physique, de la philosophie même. Et comment ? par un système à elle : en parlant à l'enfant d'une certaine manière ; en lui disant, ou plutôt sans qu'elle ait eu besoin de lui dire : écoute et regarde !

Eh bien ! ce système maternel qui vient d'opérer des merveilles, je veux dire cette causerie perpétuelle, cet appel incessant à la curiosité, cette excitation des forces intimes qui sommeillent, cette provocation, sous toutes les formes, à l'activité de l'esprit, en un mot cette méthode infaillible, au moment où elle remportait ses triomphes décisifs, vous l'abandonnez tout à coup ; et, tout à coup, vous substituez à la causerie le livre appris par cœur, à l'essor, spontané ou excité, la contrainte, — à la sève vivifiante, le poison mortel qu'on appelle l'ennui.

Et cela, sous prétexte de mettre l'enfant à l'*école*, comme s'il était de l'essence de l'école de se résumer en ces mots : leçon de mémoire, contrainte, ennui.

Si l'école a été cela, il faut qu'elle cesse de l'être.

Il y a longtemps, pour notre humble part, que nous travaillons à ce résultat ; il y a longtemps que, dans une note devenue une circulaire ministérielle (16 juin 1855), nous écrivions : « Quand les salles d'asile donneront l'exemple de cette méthode rationnelle par laquelle le jugement est exercé, le sens moral affermi, toutes les facultés mises en jeu, les écoles elles-mêmes participeront des résultats qui se seront manifestés au-dessous d'elles ; au développement des premières correspondra nécessairement l'élévation des secondes. Comment admettre qu'en regard des excellents procédés usités dans la salle d'asile, la routine et l'imperfection des méthodes puissent se perpétuer dans l'école? »

Et nous demandions, dans toute école, la création d'une *classe préparatoire* « où les enfants se trouveraient perpétuellement acteurs, de moitié avec le maître (1) », où l'on multiplierait les interrogations, les anecdotes, les récits, les voyages sur la carte ; « le tout mené avec entrain et bonne humeur » ; où le maître « se garderait du ton déclamatoire et des phrases pédantesques, où la leçon éviterait l'allure didactique pour revêtir le caractère de l'entretien familier ; où l'on cacherait le pédagogue pour ne laisser voir que l'ami ou le frère aîné. »

Quand les maîtres-adjoints se plaignaient d'être condamnés, dans la classe préparatoire, à la partie

---

(1) *Manuel de l'enseignement primaire*, édition de 1857. — V. de nouveaux développements dans l'édition de 1881, 3ᵉ partie, *Leçon de choses*, et 5ᵉ partie, *Éducation morale*.

AVERTISSEMENT. III

« la plus ennuyeuse de l'enseignement », — « *la plus ennuyeuse !* » répondions-nous ; mais cette parole est une sorte de sacrilége que ne vous pardonneraient ni Montaigne, ni Fénelon, ni Pestalozzi, ni le P. Girard, ni madame Pape-Carpantier, etc.... *La plus ennuyeuse !* Et l'explication de chaque mot qui vous permet d'ouvrir des mondes à vos jeunes disciples ? et les récits, et les *voyages* qui doivent éveiller les esprits, et, comme dit Montaigne, « ensucrer les viandes à l'enfant ? » et tout cet ensemble d'exercices qui demandent un tact, une mesure, une habileté extrêmes, et qui font de la direction de la classe préparatoire la mission la plus féconde, peut-être, et la plus difficile de l'enseignement primaire ? » (*Journal des Instituteurs*, 1874.)

De grands efforts ont été faits, depuis quelques années particulièrement, nous le reconnaissons, pour faire entrer dans cette voie l'enseignement de nos écoles primaires. Une récente circulaire encourage puissamment la création des classes préparatoires sous le nom désormais consacré de *classes enfantines :* « Préparés à l'étude, lisons-nous dans ce document, d'après des méthodes appropriées à leur âge et à leurs besoins, habitués de bonne heure à prendre goût à l'école, au lieu d'en emporter uniquement l'impression pénible de longues heures d'inaction, d'immobilité et d'ennui, les élèves quitteront leur première institutrice (1) avec des dispositions de caractère, une ouverture d'esprit et un commencement de culture intellectuelle qui permettra de leur donner, à l'école proprement dite, un enseignement plus solide, plus élevé et plus rapide. »

(1) La circulaire recommande avec grande raison de confier, le plus possible, à des femmes, par exemple à la femme ou à la fille de l'instituteur, cette éducation spéciale des jeunes enfants.

AVERTISSEMENT.

Ajoutons que les procédés ci-dessus recommandés sont, — avec les nuances et les variétés d'allure correspondant aux *divisions* entre lesquelles sont répartis les élèves, — applicables à l'école elle-même tout autant qu'à la classe enfantine. La *méthode*, par elle-même, est de tous les âges, et peut éveiller tous les esprits. C'est pour en faciliter la mise en œuvre que nous avons écrit ces modestes pages; elles ne sont que la traduction des principes que nous nous sommes permis de rappeler. Nous avions donné le précepte ; nous tentons de formuler l'exemple et de proposer la pratique.

Nous n'avons pas voulu offrir cet essai de causeries ou *Voyages du Samedi* au public enseignant, sans nous être assurés par des expériences positives, et dans l'école même, qu'ils répondent aux dispositions et, selon l'expression américaine, à l'*appétit intellectuel* des enfants de huit à treize ans.

Nous avons constaté que des *provocations* de ce genre étaient de nature à « créer l'intérêt (1) » au sein de l'école ; nous offrons ce spécimen aux maîtres et aux maîtresses, en leur rappelant cette remarque si juste d'un pédagogue écossais (2) : « Quand on enseigne les enfants comme on doit le faire, ils ne sont pas moins heureux pendant le travail que pendant le jeu. Rarement, l'exercice de l'activité intellectuelle, bien dirigé, est accompagné, chez eux, de moins de jouissance que l'exercice de l'activité physique; et quelquefois, il en produit davantage. » E. R.

30 août 1882.

(1) Expression de Wickersham, *Conditioning principles*, p. 74.
(2) M. Pillans.

VOYAGE SUR LA SEINE

PREMIÈRE CAUSERIE

COTE-D'OR

L'embarquement. — But du voyage. — La source de la Seine. — La Côte-d'Or. — Les bons vins. — Les deux collines : le Mont-Auxois; Flavigny. — Alésia; Vercingétorix, César. — Lacordaire; un grand orateur, *maître d'école*. — Diverses manières de mourir pour son pays. — Le chef-lieu : Dijon. — Châtillon-sur-Seine.

Je vous ai dit, mes enfants, que si vous aviez bien travaillé pendant la semaine, et si vous aviez été très sages, je vous ferais faire le samedi un voyage, et quel voyage! un voyage en bateau.

Eh bien! je tiens ma promesse, et nous allons partir. Mon Dieu, oui, et sans quitter la classe.

Plusieurs enfants. — Quel bonheur! Embarquons-nous! En bateau! en bateau!

— Un peu de patience. Il faut d'abord savoir d'où nous partirons et où nous devons aller. Voulez-vous que je vous le dise?

— Oui, madame, et bien vite, s'il vous plaît.

— Eh bien, nous nous trouvons dans un département qui s'appelle la *Côte-d'Or*. Savez-vous ce que c'est qu'un département? (*La maîtresse donne ici très rapidement quelques explications.*) Et pourquoi sommes-nous venus dans la Côte-d'Or? Parce que nous voulons suivre le cours de la Seine depuis sa source jusqu'à son embouchure.

Regardez la carte : voici la navigation que nous allons faire. (*La maîtresse suit, du bout de la baguette, sur la carte, tout le cours de la Seine.*) Voyez ce village : c'est Chanceaux. Près de ce village, et à 440 mètres au-dessus du niveau de la mer, la Seine prend sa source, la Seine qui est ici bien petite, mais qui, plus loin, va devenir la grande rivière qui coupe Paris en deux. Tenez, regardez : les eaux jaillissent au pied de cette gracieuse statue qui représente une belle dame couchée devant une grotte, et qu'on appelle une nymphe. C'est la ville de Paris qui a fait faire la statue en l'honneur de la Seine. C'était bien juste, n'est-ce pas? Car enfin, la Seine rend de grands services aux Parisiens, ne serait-ce que de leur donner le moyen de transporter commodément chez eux des milliers de tonneaux des bons vins de la Côte-d'Or.

Eh bien! nous allons nous embarquer sur la Seine et nous descendrons le fleuve.

Un enfant. — Quel plaisir! Et sans nous arrêter?

— Si fait. Savez-vous que, de sa source à la mer, la Seine parcourt près de 800 kilomètres, 800 fois mille mètres! Qui voudrait faire d'une seule traite un si long voyage? Nous nous arrêterons donc assez souvent. D'abord, nous aurons à nous reposer; et puis, nous n'allons pas voyager seulement pour le plaisir de changer de place; nous voulons visiter les villes qui se trouveront sur notre passage et tous les endroits qui pourront nous intéresser. Êtes-vous de cet avis-là? Allons! En bateau! Une, deux, trois! nous voici embarqués : mettons-nous à ramer!

(*Les enfants, à l'imitation de la directrice, exé-*

cutent les mouvements des rameurs : beaucoup d'entrain et de gaîté.)

Donc, la Seine, sur laquelle nous naviguons, commence, je le répète, sa grande course dans la Côte-d'Or. Et que veut dire ce nom de *Côte-d'Or?* Vous en doutez-vous?

Non. Eh bien! il vient d'une petite chaîne de montagnes qui traverse non pas tout le département, mais simplement les arrondissements de Dijon et de Beaune, et qu'on appelle ainsi parce que ces *côtes* sont si fertiles en bons vins qu'elles semblent produire de l'or, et qu'en effet ces vins-là se vendent comme on veut, c'est-à-dire qu'ils se changent très facilement contre de l'or.

Aimez-vous le bon vin? mes enfants.

— Oh! mais oui, madame.

— Oui? et vous avez raison; parce que le bon vin, qui est fort agréable, est en même temps très salutaire, quand il n'est pas frelaté, c'est-à-dire quand on n'y a pas introduit quelque substance étrangère ; et quand d'ailleurs, on n'en boit que très peu, retenez bien cela. Et comment fait-on le vin? Je trouverais très intéressant de causer avec vous de la fabrication du vin; mais il serait trop long de nous lancer dans cette causerie à propos de notre voyage. Nous y reviendrons une autre fois, et tout exprès.

La fameuse côte d'Or se partage en trois groupes de chaînes de collines; la côte de Beaune, la côte de Nuits et la côte de Dijon. C'est de là que viennent ces vins que l'on vend si cher et dont les noms sont très connus dans les restaurants et chez les amateurs qu'on appelle des gourmets, le volnay, le pomard, le beaune, le romanée, le chambertin, le clos-vougeot. Vous voyez que c'est un bon pays, que ce département de la Côte-d'Or!

Maintenant, avant de pousser notre bateau pour suivre le courant de la Seine, regardez à notre gauche.

Voici l'ouverture d'une vallée dans laquelle coule un ruisseau nommé l'*Ozerain*, dont il faut que vous reteniez le nom, parce qu'avant de se jeter dans une rivière qu'on appelle l'Armançon (laquelle, elle-même, verse ses eaux dans l'Yonne), il passe entre ces deux collines que vous voyez, et qui sont très célèbres, la première connue sous le nom de *Mont-Auxois*, et l'autre sous celui de *Flavigny*.

Tenez, je vais diriger notre lunette d'approche vers ce point noir que vous voyez là-bas à l'horizon. Regardez bien, Jules. Qu'est-ce que vous apercevez ?

— Tiens, tiens, madame : c'est une statue ! Oh ! que c'est drôle ! un homme debout, avec

Statue de Vercingétorix, à Alise.

de grands cheveux qu'on dirait soulevés par le vent, et de longues moustaches. Une ceinture lui serre la taille ; et à cette ceinture pend le fourreau d'un poignard. Il a les bras nus et les deux mains crispées sur la poignée d'une épée. Oh ! mais, il n'a pas l'air bon ; on dirait qu'il menace quelqu'un. Qui est donc cet homme-là ?

— Mes enfants, c'est un homme dont le nom est fameux; mais ce n'est pas la peine de vous le dire, car vous n'êtes pas capables de le retenir.

— Mais si, madame, mais si; dites-nous-le.

— Oh! ce nom est si extraordinaire!...

— Dites-le, dites-le.

— Alors, je donnerai un bon point à qui le retiendra.

— Voyons, madame!

— Eh bien! l'homme dont je vous fais apercevoir la statue s'appelle..... s'appelle: *Ver-cin-gé-to-rix*. Vercingétorix! Qui veut répéter ce nom-là?

(*Tous les enfants répètent en riant, à qui mieux mieux.*)

Bon! nous verrons demain qui l'aura retenu.

Mais qu'a-t-il donc fait, Vercingétorix, pour qu'on lui élevât une statue? Écoutez-moi bien: il y a longtemps, bien longtemps, à peu près 50 ans avant la naissance de Notre-Seigneur, un célèbre général romain, Jules César, avait traversé les Alpes pour s'emparer de notre pays, de la France qu'on appelait alors la Gaule. Les Gaulois, nos pères, se défendirent courageusement pendant huit années. Or, le chef le plus hardi et le plus habile des armées gauloises fut un jeune homme né en Auvergne, Vercingétorix. Ce vaillant capitaine, après plusieurs victoires, finit par perdre une grande bataille aux environs de Semur, qui est là, pas bien loin d'ici, à l'ouest de Flavigny. Après quoi, il vint se réfugier, avec ses troupes, dans une ville qui n'existe plus aujourd'hui, mais qui s'élevait alors sur le haut de l'une des deux collines que voici là-bas, sur le Mont-Auxois, et qu'on appelait *Alesia*. Vercingétorix fit tout ce qu'il put pour défendre la ville contre Jules César ; il éleva des fortifications, fit de brillantes sorties, essaya de percer l'armée ennemie ; mais son courage se brisa contre la discipline romaine ; et au bout de trois mois de siège, il n'y avait plus rien à manger dans la ville.

Savez-vous ce que fit alors le jeune général gaulois ?

Il dit à ses soldats : « Posez les armes ; et
« pour vous sauver la vie, j'irai, moi, me li-
« vrer seul au général romain, à Jules César.
« Peut-être voudra-t-il être généreux. » Alors,
il sauta sur son cheval, traversa au galop la

plaine qui séparait les deux camps, puis, s'arrêtant devant César, il jeta aux pieds du vainqueur son épée et son casque ; et il attendit.

Qu'auriez-vous fait, si vous aviez été César, en voyant ainsi votre ennemi désarmé ? Vous lui auriez tendu la main, j'en suis sûre, et vous lui auriez dit : « Honneur au courage malheureux ! » Eh bien ! le général romain, au contraire, regarda durement le héros vaincu, l'accabla d'injures, le fit charger de chaînes et le jeta dans un cachot où il le laissa six ans ; après quoi, il lui fit trancher la tête.

Comprenez-vous maintenant qu'on ait voulu glorifier le chef vaillant qui défendit la France et l'honora par son courage ? Et n'a-t-on pas très bien fait de lui ériger une statue au sommet de la montagne où s'élevait *Alesia ?* N'est-ce pas, mes enfants, que vous n'oublierez ni le nom de cette ville ni le nom de Vercingétorix ?

Voyons, tous ensemble, redites encore : *Vercingétorix !* A la place d'Alesia, sur le flanc de la montagne, au-dessous de la statue, il n'existe plus aujourd'hui qu'un village : *Alise-Sainte-Reine*. Il y a une vingtaine d'années, en faisant des fouilles, on a retrouvé dans le sol de la montagne quantité de vases, de vieilles épées, de piques brisées, de monnaies, etc., avec les ruines de l'ancienne ville et les traces des fortifications élevées, au moment du siège, il y a plus de 1,900 ans!

Voilà pour la statue et le Mont-Auxois; mais l'autre colline, la colline de Flavigny, par quoi est-elle célèbre?

Oh! celle-là, c'est bien différent. Elle ne rappelle ni grande ville, ni camp, ni batailles. Tournez la lorgnette un peu à gauche; voyez-vous cette longue suite de bâtiments couronnant la colline, et dominant les bois qui revêtent ses flancs d'un manteau de verdure? C'est un couvent, c'est-à-dire un lieu où sont réunis des religieux pour prier Dieu et se livrer à de graves études. Ce couvent a été fondé, il y a quarante ans environ, par un homme célèbre qui a été un des plus grands orateurs de notre temps, et qui, vers la fin de sa vie, épuisé de fatigues et malade, avait voulu se vouer à l'éducation des jeunes hommes, et, comme il le disait, se faire *maître d'école*. Son nom est plus facile à retenir que celui de Vercingétorix; l'illustre religieux ou moine s'appelait *Lacordaire*. Eh bien! Lacordaire, comme Vercingétorix, a aimé passionnément son pays. L'un et l'autre sont morts à son service; car, mes enfants, il y a plus d'une manière d'aimer sa patrie et de se sacrifier pour elle : le savant qui se consume sur ses livres ou dans son laboratoire, poursuivant, à travers les veilles qui le tuent, une découverte qui transformera le monde; l'instituteur et l'institutrice qui usent leurs forces dans le labeur de l'école; le religieux et le prêtre qui s'épuisent dans la prédication, ou vont au loin porter, avec l'Évangile, le grand nom de la France; toutes ces personnes — dédaigneuses, à des degrés différents, des intérêts et de la fortune — se sacrifient sous une autre forme, mais dans le même but que le soldat, à l'honneur du drapeau et à la gloire de leur pays. Il y en a parmi vous, j'en suis sûre, qui, plus tard, d'une façon ou d'une autre, combattront en vaillants soldats, n'est-il pas vrai?

J'allais oublier de vous dire que le P. Lacordaire, précisément, était né dans le département où nous sommes, dans la Côte-d'Or, à *Recey*, pas bien loin de Dijon.

Savez-vous ce que c'est que Dijon? C'est le chef-lieu de la Côte-d'Or. — Et un chef-lieu, qu'est-ce que c'est que cela? C'est le lieu ou la ville *chef*, c'est-à-dire la ville la plus importante d'un département. C'est là que se trouvent la préfecture, le tribunal, la résidence du général, le collège ou le lycée, et presque toujours la cathédrale, c'est-à-dire la grande église où l'évêque préside aux cérémonies religieuses. Nous rencontrerons plusieurs de ces cathédrales, notamment quand nous serons à Paris et à Rouen.

Nous ne pouvons visiter Dijon, puisque la Seine ne nous y conduit pas; je le regrette, car c'est une ancienne et très belle ville que Dijon, avec son château qui date de 400 ans, son musée, l'un des plus riches de la province, ses vieilles tours et sa vieille église Saint-Bénigne, bâtie il y a 800 ans.

Mais nous avons tant d'autres choses à voir dans notre voyage! Ne nous attardons pas trop. La Seine marche; laissons aller le bateau.

Ah! nous apercevons une petite ville. Quelle est-elle? C'est *Châtillon-sur-Seine*. Regardez bien: voici les restes d'un joli château cons-

Châtillon-sur-Seine.

truit il y a quatre siècles par les ducs de Bourgogne; puis une église, Saint-Nicolas, qu'il serait curieux de visiter, car elle a été construite il y a bien longtemps, avant saint Louis, et achevée au seizième siècle. Mais nous sommes trop pressés. La ville n'est pas bien grande; elle n'a pas 5,000 habitants; du moins, les habitants sont actifs et laborieux; on y fabrique bien des choses, entre autres, de la clouterie et des chapeaux.

Allons! continuons notre voyage : à moins, mes enfants, que la navigation ne vous ennuie..... Qui en a assez et veut quitter le bateau?

Tous les enfants — Pas moi! pas moi!

— Alors, en avant! Un vigoureux coup de rames! Voyons si vous avez de bons bras. Bien! nous marchons. Voici que nous quittons la Côte-d'Or, et que notre bateau nous fait entrer dans le département de l'*Aube*.

DEUXIÈME CAUSERIE

AUBE

L'Aube. — Le vin de Champagne. — La Champagne pouilleuse. — L'invasion prussienne. — L'amour de la patrie. — Le curé de Cuchery fusillé. — Bar-sur-Seine. — Troyes. — Les Huns et Attila. — Saint-Loup. — Méry.

L'*Aube!* Pourquoi ce nom? Il vient d'une rivière qui n'a pas sa source dans ce département, mais qui le traverse et qui se jette dans la Seine.

Le département de l'Aube fait partie d'un pays dont vous connaissez bien le nom, j'en suis sûre. Y a-t-il un enfant ici qui ait jamais goûté du vin de Champagne?

Plusieurs enfants. — Oh! je crois bien! C'est un vin qui mousse et qui fait sauter les bouchons.

Un autre. — Et qui est joliment bon!

— Eh bien! le département de l'Aube fait partie de la Champagne qui produit ce bon vin-là.

Regardez bien autour de vous, mes petits amis. Voyez-vous quelque montagne? Non, n'est-ce pas? C'est qu'en effet, le pays est tout à fait plat. Le sol, surtout vers le nord du département, n'est guère composé que de craie; et comme on ne tire de ce terrain que des épis bien maigres, des taillis rabougris et de pauvres plants de sapin, et qu'on n'y rencontre ni ruisseaux ni fontaines, on l'appelle d'un nom que vous retiendrez, je le parierais, parce qu'il est un peu drôle : on l'appelle la *Champagne pouilleuse*, c'est-à-dire sèche et aride.

Le département de l'Aube a éprouvé de grands malheurs il y a quelques années. Il a été (comme au reste, hélas! les départements voisins) envahi par les Prussiens. Savez-vous ce que cela veut dire? Probablement non, car vous n'étiez pas nés en 1870.

Eh bien! mes enfants, il faut que vous commenciez à entendre parler des maux que nous avons subis, nous autres qui sommes déjà un peu vieux. Aimez-vous votre patrie, c'est-à-dire le pays où vous êtes nés, et dont votre père et votre mère vous ont appris à parler la langue? Oui, n'est-ce pas? Et comment s'appelle votre patrie ? C'est la France, et vous êtes des Français.

Une voix. — Oui, nous sommes des Français et nous n'aimons pas les Prussiens, nous !

— Et pourquoi cela ? Maurice.

— Madame, parce que mon papa qui a été soldat, — il a une jambe de bois, — et qui même a gagné la croix qui est attachée dans un cadre au-dessus de la cheminée, dans la grande chambre de chez nous, m'a dit que les Prussiens voulaient toujours faire du mal à la France. Voilà !....

— Cela est malheureusement vrai. Eh bien ! quatre ou cinq années avant votre naissance, les Prussiens sont entrés en France, — ce n'était pas la première fois, hélas ! et après avoir écrasé nos pauvres soldats bien inférieurs en nombre, dans les batailles où les Français se sont pourtant admirablement battus, Gravelotte, Reichshoffen, etc., ils ont tout ravagé en marchant sur Paris ; et ici, dans ce département de l'Aube, des détachements de leur armée sont restés près de dix mois, pillant et rançonnant le pays.

Tenez, je vais vous raconter ce qui s'est passé, pas bien loin d'ici, dans le département voisin ; car, de même que dans nos familles les vieux parents redisent à leurs petits-fils ce qui leur est arrivé d'heureux ou de malheureux, de même dans cette grande famille qu'on appelle la patrie, les enfants ne peuvent rester étrangers aux douleurs non plus qu'aux joies que leurs pères et leurs mères ont éprouvées. Ecoutez-moi donc : le 6 février 1871, il y a onze ans, une compagnie de Prussiens arriva dans un village de la Marne qui s'appelle *Cuchery*, pas bien loin du chef-lieu de ce département, qui est la ville de Châlons. A peine ses hommes installés, le capitaine, nommé Zimmermann, déclara qu'il fallait payer une grosse somme d'argent. Si les pauvres paysans étaient désolés de se voir arracher ainsi le fruit de leur travail, vous pouvez le croire ! quelques-uns, les plus hardis, se dirent entre eux que si les habitants de Cuchery parvenaient à faire supposer qu'ils étaient nombreux et bien armés, les Prussiens n'oseraient pas les forcer de livrer la somme. Quand donc la nuit fut venue, une dizaine de jeunes gens se glissèrent par le fourré d'un bois, et firent feu sur un groupe ennemi, — — sans, du reste, atteindre personne, car leurs fusils étaient très mauvais, — puis se dispersèrent en se cachant. Qu'arriva-t-il? Le lendemain matin, le village était cerné, et le capitaine annonçait que si on ne lui livrait pas les assaillants tout le village allait être livré aux flammes. Vous jugez de la désolation universelle! A ce moment, et au milieu des larmes des femmes et des cris des enfants, un homme prit la parole, et s'adressant aux soldats prussiens : « Me voici! s'écria-t-il ; « c'est moi qui ai donné aux gens du village « l'idée de se défendre et de tirer sur vous. « C'est donc sur moi que tout retombe. Arrê- « tez-moi! » Cet homme, c'était le curé de la paroisse, qui se dévouait pour tous.

On le saisit, en effet ; on le garrotte, et le capitaine l'expédie à Reims, où résidait le commandant supérieur prussien. Deux jours après, l'abbé Miroy (il faut retenir le nom de ce héros) est traduit en conseil de guerre, et aussitôt condamné à mort. On le conduit sur les hauteurs de Berrup, à quelques kilomètres de Reims, et on le place près d'un poteau, devant un peloton de dix soldats. Un adjudant commandait ces hommes. Tout à coup, il s'approche : « Monsieur le curé, dit-il en lui tendant la main, pardonnez-moi ! Je ne puis pas faire autrement. »

« — Faites, monsieur ; je ne vous en veux pas, répond le prêtre.

« — Feu ! crie l'officier ; » et le martyr tombe foudroyé.

Que dites-vous de cela, mes enfants ?

Après la guerre, les habitants de Reims ont élevé, c'était bien juste, n'est-ce pas ? en l'honneur du curé de Cuchery, un monument en granit et en marbre noir. Les populations s'y rendent en une sorte de pèlerinage. On y apprend à détester l'invasion, à honorer le dévouement et à mourir pour son pays.

Mais notre bateau a marché, mes enfants. Qu'est-ce que j'aperçois là-bas en travers de la Seine ? C'est un pont, un très beau pont, le pont de la ville de *Bar-sur-Seine*. Passons dessous. Prenez garde à vous ! baissez la tête.

(*Ici, les enfants imitent, en se courbant, une personne qui a peur de se heurter le front; rires et joyeuses exclamations.*)

Nous voici passés ! j'aperçois beaucoup de maisons des deux côtés de la Seine. Nous sommes tout près d'une ville qui est

Bar-sur-Seine.

importante : cette ville s'appelle *Troyes*. Dites avec moi : Bonjour Troyes ! Troyes !

Cette ville est le chef-lieu du département de l'Aube. Il y a à Troyes près de 30,000 habitants. Si nous avions le temps, nous irions

Troyes.

visiter la cathédrale dont le chœur est un des plus renommés de France, et qui offre un beau spécimen de l'architecture des treizième et quatorzième siècles ; nous en verrons des types magnifiques à Paris.

On fait beaucoup de commerce à Troyes ;

mais surtout cette ville est renommée pour sa bonne charcuterie. Les *jambons* de Troyes !... qui connaît les jambons de Troyes ? Et les andouilles ?

— Moi ! moi ! moi !

— Il y a longtemps, bien longtemps, quatorze cents ans à peu près, la ville faillit être détruite par une horde de barbares qui, après avoir ravagé tout le centre de la France, sans toutefois entrer dans Paris, je vous dirai pourquoi, se précipitait comme un torrent vers les murs de la capitale de la Champagne. Ces Barbares s'appelaient les *Huns*, et leur chef, *Attila*. Ces Huns, peuple qui venait des bords de la mer Noire, étaient de féroces et hideux guerriers, les joues tailladées, les membres tatoués, le visage aplati, les yeux ronds percés comme avec des vrilles; les selles de leurs chevaux étaient faites avec les peaux d'ennemis tués dans les combats, et on y voyait suspendues des chevelures humaines, arrachées aux têtes des vaincus. Vous jugez si, en voyant se diriger sur la ville 300,000 sauvages de cette sorte, les habitants de Troyes avaient de quoi trembler.

Or, la ville n'avait pas d'armée pour la défendre. Que faire?

Un homme entreprit de tout sauver; ce fut l'évêque, qui se nommait Lupus. (On l'honore aujourd'hui sous le nom de saint Loup.)

Saint Loup n'avait ni armes ni soldats; il revêt ses habits pontificaux, se fait précéder de la croix, ordonne aux prêtres qui le suivaient de chanter des psaumes et des prières, et marche au-devant des Barbares. A sa vue, les rangs ennemis s'entr'ouvrent comme saisis de respect; l'évêque s'avance; le voici devant Attila : « Qui es-tu ? » dit le vieillard au roi des Huns. — « Je suis le fléau de Dieu », répondit le barbare.

Nous ne savons quelles paroles décisives sut trouver l'évêque; mais, après un court entretien, Attila promettait d'épargner la ville, et, se détournant vers les plaines voisines de Troyes, appelées les plaines de *Mauriac* ou *champs catalauniques*, allait livrer aux Romains et aux Gaulois la terrible bataille où il fut vaincu et où périrent plus de deux cents mille hommes.

Voilà comment fut sauvée la ville de Troyes.

Vous voyez si les habitants ont raison d'y vénérer la mémoire de saint Loup.

Tenez, justement; voici, sur le rivage, le bourg où aboutissaient les plaines dans lesquelles s'est livrée cette grande bataille, les plaines de Mauriac, que je viens de nommer. De *Mauriacum, Mauriac,* on a fait le nom de *Méry* que porte ce bourg. — Disons adieu à saint Loup et aux Huns.

Au revoir, saint Loup !

Nous continuons notre navigation.

TROISIÈME CAUSERIE

SEINE-ET-MARNE

Montereau-faut-Yonne. — Tanneguy-Duchâtel. — La trahison. — Fontainebleau. — La forêt. — Les grès. — Le château. — François I*er*. — Les carpes. — Les peintres italiens et français. — Les grands architectes. — L'escalier de Philibert Delorme. — La vieille-garde. — Melun. — *Anguille* de Melun.

Nous voici dans un nouveau département, c'est celui de *Seine-et-Marne* dont nous rencontrerons bientôt le chef-lieu. Quelle est cette rivière sur la gauche, qui vient jeter ses eaux dans la Seine? c'est l'Yonne, une rivière sur laquelle on embarque de grandes quantités de bois, de charbon et de vins, à destination de Paris. Et cette petite ville que nous apercevons à l'endroit où les deux cours d'eau se confondent, c'est-à-dire au *confluent*, c'est *Montereau-faut-Yonne*.

Sur le pont de cette ville, un duc de Bourgogne, qui se nommait Jean-sans-Peur parce qu'il était très brave, fut assassiné en trahison, il y a bien longtemps, — car il y a toujours eu de méchantes gens, — par un seigneur qui appartenait à un parti ennemi, Tanneguy-Duchâtel. Un assassinat, une trahison ! y a-t-

Montereau.

il rien de plus abominable? Vous ne savez pas, par bonheur, mes enfants, ce que c'est qu'une trahison....

Une voix : Madame, *c'est quand* on a promis à quelqu'un d'être son ami, et qu'on lui donne un croc-en-jambes.

— C'est cela même. Eh bien ! un garçon qui ferait cela, on le mépriserait, et personne ne voudrait lui donner la main. Pouvez-vous me dire quel est le premier homme qui a été tué, et tué en trahison ?

Une voix : Oui, Madame, c'est Abel qui a été tué par Caïn.

— Oui ; aussi Caïn a-t-il été en horreur partout et dans tous les temps ; et vous avez vu, l'autre jour, l'image représentant Caïn qui, se voilant la tête, marche à grands pas à travers déserts, pour se dérober au mépris des hommes, et, s'il pouvait, au regard de Dieu. Son nom est le nom d'un maudit !

Quand l'un de vous, qui êtes de braves enfants, a donné la main à un camarade, ce camarade est bien tranquille, n'est-ce pas ? il peut compter sur lui. Ce n'est pas un de nos petits amis assis là, devant moi, qui, après avoir tendu la main à un voisin, lui donnerait un croc-en-jambes, comme disait Alfred tout à l'heure.

Notre bateau a continué sa route. Tenez, regardez sur la gauche : voyez-vous ces arbres qui s'étendent à perte de vue ? c'est une forêt, la forêt de *Fontainebleau*, qui a 20,000 hectares.

Une vue de la forêt de Fontainebleau.

C'est un reste de ces immenses espaces couverts de grands bois qui, autrefois, s'étendaient sur le pays presque entier, quand la France, en un temps dont nous avons parlé, s'appelait la Gaule. Vous rappelez-vous ce que nous avons dit de ce temps-là, et les noms des deux personnages dont je vous ai conté l'histoire... Voyons, qui les retrouvera?

(*La maîtresse exerce les petits élèves à qui redira les noms de Vercingétorix et d'Attila, en rappelant quelques traits principaux.*)

Cette forêt est très belle ; elle a des points de vue très variés et très curieux, que les promeneurs viennent admirer de Paris ; elle renferme de grands blocs de pierre d'un gris foncé ou presque rouges qui, en certains endroits, sortent de terre, dans tous les sens. On fend ces pierres, qu'on appelle des grès, on les taille, et, comme on dit, on les *exploite*, pour faire ces innombrables carrés de pierre, ou, plus exactement ces *cubes* (vous savez, comme de très gros dés à jouer), avec lesquels on pave les rues, — ces pavés qui permettent aux voitures de rouler facilement, et sans lesquels nos villes seraient de véritables cloaques.

Forêt de Fontainebleau. — Le rocher d'Avon.

Là-bas, à l'extrémité de la forêt, s'élève un château que nous ne pouvons apercevoir. Il y a longtemps, bien longtemps, à peu près 800 ans, qu'à sa place s'élevait une grosse tour bien massive, bien lourde, qui servait de rendez-vous aux chasseurs. On dit que, près de cette tour, le bon roi saint Louis perdit, un jour, pendant une chasse, un lévrier qu'il affectionnait beaucoup, et qui répondait au nom de *Bleau*. Après bien des recherches, on retrouva ce chien auprès d'une source où il se désaltérait. Une fontaine fut érigée à cette place, et appelée comme le lévrier. Peu à peu le nom de la fontaine et celui de la ville se sont confondus. Voilà ce que l'on raconte ; et si nous entrions au château, nous verrions cette histoire du chien représentée, sur un des murs, par le peintre qui a fait les plus beaux tableaux de cette résidence où ont longtemps habité les souverains, un Italien qui se nommait Primatice.

Mais, dans le fait, puisque nous nous sommes promis de nous arrêter et de descendre, de temps à autre, de notre bateau, pourquoi, mes enfants, ne nous déciderions-nous pas à nous amarrer près du rivage, et n'irions-nous pas faire une visite au château ? — Allons! une, deux, trois, sautons à terre ! la course est un peu longue : tant mieux ! cela nous dégourdira les jambes.

Nous y sommes. Maintenant, examinons bien. Voici, réunies en un seul ensemble, des constructions de toutes les époques, de tous les genres et, comme on dit, en termes du métier, de tous les styles. — Il y en a, c'est la plus grande partie, de François Ier, prince très ami des beaux bâtiments, des belles statues, des beaux livres, qui vivait il y a quatre siècles ; il y en a de Henri IV, de Louis XIII et de Louis XIV qui ont régné soixante, quatre-vingts et cent cinquante ans plus tard. Les plus jeunes de ces constructions sont quelque peu vieilles, comme vous voyez. Pourquoi pas ? On dit bien qu'il y a une cinquantaine d'années, on a pêché, dans un étang du parc, des carpes énormes, monstrueuses, qui avaient au col une inscription du temps de François Ier : une véritable carpe de 350 ans, qu'en dites-vous ? Sa chair, il faut l'avouer, ne devait pas être très tendre ; mais c'est celle-là qui, de son vivant, avait de l'expérience, et qui avait le droit de donner des conseils !

Et c'est peut-être d'elle que parlait Florian, dans cette fable qui nous a tant amusés l'autre jour : *La Carpe et les Carpillons ;* qui se la rappelle ?

> Bah ! dirent les poissons ; tu répètes toujours
> Même discours....
> . . . .
> Qu'arriva-t-il ? Les eaux se retirèrent
> Et les carpillons demeurèrent :
> Bientôt ils furent pris
> Et frits.

François Ier voulut faire de la résidence royale de Fontainebleau un véritable musée, c'est-à-dire un palais d'une belle architecture où il réunirait tout ce qu'il avait de plus précieux en tableaux, statues, vases, livres, etc... Il fit venir les hommes les plus habiles, les artistes, ainsi qu'on les appelle, les plus renommés d'un pays voisin où ils abondaient alors, de l'Italie. Et il eut, pour piquer l'émulation des artistes français, ces étrangers célèbres dont, un jour, vous apprendrez les noms, Léonard de Vinci, André del Sarto, le Primatice, Benvenuto Cellini, etc. Tous ces peintres, architectes, sculpteurs, décorateurs en faïences, en émaux, luttèrent à qui mieux

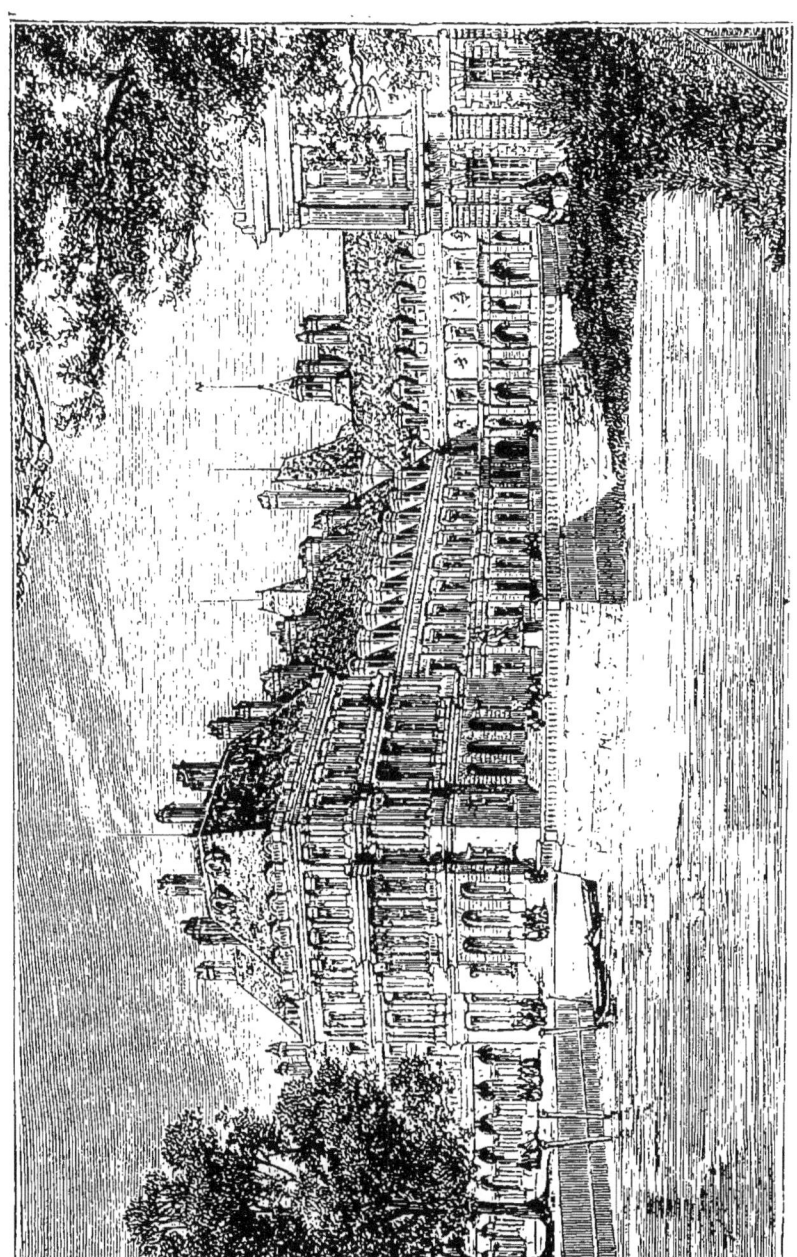

Château de Fontainebleau. — Le bassin des carpes.

mieux pour édifier et décorer les nouveaux bâtiments, avec leurs salles splendides, galeries, escaliers, etc....

On a bien raison de rendre hommage à ces grands Italiens du xvi° siècle qui furent invités par François Ier à venir exercer leurs talents en France; mais, ici comme en toutes choses, mes enfants, il convient de rester Français. Il faut bien dire qu'au xvi° siècle tout était à la mode italienne; et la mode, vous saurez cela plus tard, est une puissance tyrannique, dont on fait trop souvent les mille volontés. Donc, la mode italienne, sous François Ier, a été quelque peu oublieuse des grands artistes français de cette époque. Combien il serait injuste de méconnaître le génie d'architectes tels que Pierre Neveu, Philibert Delorme! Dans un autre voyage, dans le voyage sur la Loire, vous visiterez le château de Chambord, dont l'escalier et la lanterne qui le surmontent sont une merveille sans rivale dans ce genre; c'est Pierre Neveu qui l'a construit. Quant à Philibert Delorme, il fut l'auteur de l'ancien palais des Tuileries brûlé, par malheur, il y a douze ans; tenez, c'est lui précisément qui a construit

Château de Fontainebleau. — La cour ovale.

ce large escalier en fer à cheval que vous voyez ici dans la grande cour du château, la cour du Cheval-Blanc.

Une scène historique, qu'on ne peut pas ne point connaître, sous peine d'être traité d'ignorant, s'est passée sur cet escalier même. Si vous étiez plus grands, mes enfants, je vous conterais en détail les événements dont le palais de Fontainebleau a été le théâtre, il y a soixante-six ans, dans une année où notre pauvre pays subissait une de ces affreuses invasions prussiennes dont je vous ai parlé, en 1814. La France, après vingt ans de guerres contre toute l'Europe, après des victoires sans nombre, après que ses armées étaient entrées à Berlin, à Vienne, à Milan, à Dresde, à Madrid, à Moscou, la France était enfin abattue, et les ennemis coalisés foulaient notre sol. Comme un soldat qui, ayant lutté seul contre vingt, n'aurait plus la force de tenir son épée, elle sentait son bras défaillir. Napoléon, voyant que la guerre ne pouvait se prolonger, s'était enfermé à Fontainebleau, et dans une des salles du palais, entouré des maréchaux ses compagnons d'armes, il venait de signer son abdication, c'est-à-dire de

Château de Fontainebleau. — La cour du Cheval-Blanc.

reconnaître qu'il cessait de régner sur la France ; il se préparait à partir pour l'exil.

Or, à ce moment, dans la *grande cour* où nous sommes, ici même, sur ce sable que nous foulons, les plus anciens et plus braves soldats de la *grande armée*, ces soldats qui formaient le bataillon célèbre appelé la *vieille garde*, et qui tous portaient sur leurs visages ou sur leurs poitrines quelque glorieuse cicatrice, — comme le grand-papa d'Alfred, vous savez, avec sa balafre, qui est si vieux, si vieux ! — ces soldats étaient rangés, immobiles et silencieux, serrant d'une main crispée les canons de leurs fusils ; eux qui n'avaient jamais eu peur, ils semblaient trembler en regardant les fenêtres du château, et le perron que vous avez devant vous. Tout à coup, une porte donnant sur le perron, — tenez, la voici encore, — s'ouvrit, et, sur la plate-forme de l'escalier, parut Napoléon.

Il descendit les marches à pas lents, et, pendant ce temps, un frémissement de rage patriotique courait dans les rangs des soldats. L'Empereur s'avança, et les officiers s'approchèrent de lui. « Soldats, dit-il, avec des hommes tels que vous, on pourrait encore

Melun.

aller au bout du monde; mais la France ne le veut plus... et je vous dis adieu. » Puis, il se fit apporter le drapeau qui avait plané victorieusement sur tant de champs de bataille, et le baisant avec respect : « Que ce baiser, continua-t-il, retentisse dans le cœur de chacun de vous. » Un formidable et dernier cri de *vive l'Empereur!* sortit de toutes les poitrines. Quelques temps après, Napoléon avait quitté la France. C'est là une scène, vous le voyez, qu'après avoir visité Fontainebleau, il est impossible d'oublier.

Mais nous ne pouvons rester plus longtemps ; regagnons notre bateau. Qui y saute le premier ?

Nous voici embarqués : un bon coup de rames !

J'aperçois de jolies maisons sur la rive, puis encore, et encore : c'est une ville, c'est le chef-lieu que je vous annonçais tout à l'heure, c'est *Melun*. Mais, passons rapidement, car *Melun* n'offre rien d'intéressant.

Ah! à propos, cependant, avez-vous jamais entendu citer un proverbe qui est né ici ? On dit de quelqu'un qui se plaint facilement, et qui est douillet : « Il crie comme *une anguille de*

Melun, avant qu'on l'écorche. » — Cela est ridicule, et ne veut rien dire, car enfin, les anguilles, à Melun pas plus qu'ailleurs, n'ont jamais crié, les pauvres bêtes, même quand on les écorchait, avant de les jeter dans la poêle à frire. Ce qui est vrai, c'est qu'il y a cent cinquante ans environ, il y eut à Melun un mauvais drôle du nom d'Anguille qui avait commis je ne sais quel crime abominable, en expiation duquel il fut condamné, comme cela avait lieu autrefois, en certains cas, à être écorché vif. — Ce genre de traitement n'avait rien d'agréable, il faut le reconnaître; et, avant même que le supplice fût commencé, le pauvre diable d'Anguille se mit à pousser des hurlements effroyables. Plus tard, on confondit *Anguille* homme, avec *Anguille* poisson, et on en vint à dire : « crier comme une anguille de Melun ». Voilà l'explication du proverbe, la retiendrez-vous? Oui, et pour vous rappeler le nom du chef-lieu de Seine-et-Marne, vous penserez à une anguille; cela aidera votre mémoire.

C'est toujours cela que vous rapporterez de votre passage devant Melun. Et déjà, nous voici dans Seine-et-Oise.

QUATRIÈME CAUSERIE

SEINE-ET-OISE ET SEINE

Corbeil. — Entrée à Paris. — Le Jardin des Plantes et le Jardin d'acclimatation. — La Cité (nous ne faisons que traverser Paris). — Lutèce; les Thermes. — Attila et sainte Geneviève. — Paris du haut des tours de Notre-Dame. — Notre-Dame: le portail. — Les architectes du xiiie siècle. — Comment se construisait une cathédrale. — Les tableaux de pierre. — Le portail du midi. — Les arcs-boutants.

Voici Corbeil, gentille petite ville, une des cinq sous-préfectures de Seine-et-Oise.

Encore quelques coups de rames : Quelle est cette rivière qui se jette dans la Seine? c'est la *Marne*. Oh! mon Dieu! que de maisons! tenez, tenez, elles semblent sortir de l'eau à mesure que nous avançons. Il ne serait pas plus facile de les compter que les arbres de la forêt de Fontainebleau. Où sommes-nous donc ?

Mes enfants, nous entrons dans l'une des deux ou trois plus grandes villes de l'univers, dans la ville qui renferme tant de merveilles, dont tout le monde parle, que chacun veut avoir vue, dans la capitale de la France, nous pourrions dire, sans trop de présomption, dans la capitale du monde civilisé : nous entrons à Paris !

Vive Paris ! pour le coup, nous devons laisser là notre bateau ; car que de choses à voir ! Cependant nous n'allons pas, dans ce voyage, visiter Paris en détail. Nous ferons cela dans un voyage particulier, qui nous prendra, à lui seul, quinze jours ou trois semaines. N'oubliez pas que notre navigation actuelle a pour but le cours de la Seine tout entier, et doit nous conduire à l'embouchure du fleuve, c'est-à-dire au Havre. Nous ne pourrons donc aujourd'hui que nous faire une idée générale de ce grand Paris.

Tenez, nous côtoyons le quai du *Jardin des Plantes*, ce jardin où l'on conserve des animaux et des plantes de toutes les espèces connues. Dans notre voyage spécial à Paris, nous viendrons passer ici des heures entières ; nous dirons bonjour aux Lions, aux Tigres, aux Singes, à l'Ours blanc, à la Girafe, à l'Éléphant. etc. Je vous conduirai dans un autre grand parc où se trouvent aussi toutes sortes d'animaux, et où les enfants peuvent monter sur le dos des Éléphants et des Chameaux. Qui voudra être de la partie ?

— Tous ! tous ! que ce sera amusant !

— Allons donc ! Toi Georges, et toi Marie, vous êtes des poltrons, et vous n'oserez pas.

— Si, si, madame. Vous verrez ! comment s'appelle ce jardin ?

— En effet, nous verrons ; ce jardin est le *Jardin d'acclimatation*. En attendant, il est temps de descendre. Qui veut me suivre ?

(*Tous les enfants font le mouvement de s'élancer hors du bateau, et sautent des gradins. — Grande joie, et grande animation.*)

Nous voici à terre, nous venons de mettre pied dans une partie de la ville qui est une île formée par deux bras de la Seine ; voici devant nous l'immense et splendide cathédrale dont personne n'ignore le nom, *Notre-Dame*, et où nous entrerons tout à l'heure. Sur notre droite, l'île Saint-Louis reliée à l'île Notre-Dame par un *pont*. Ces deux îles, à vrai dire, n'en forment qu'une seule, sous le nom de *Cité*.

Eh bien ! ce Paris si grand, qui a aujourd'hui deux millions d'habitants, dont les rues, si on les alignait les unes au bout des autres, auraient une longueur de plus de 110 lieues, 440 kilomètres, cet immense Paris a commencé par tenir tout entier dans la petite île où nous sommes.

Dans ce temps-là, — il y a de cela deux mille ans, oui deux mille ans, — Paris, qui s'appelait *Lutèce* (retiendrez-vous ce nom-là ? dites avec moi : Lutèce, Lutèce), se composait de pauvres habitations en bois. Un célèbre général romain, Jules César, après avoir conquis toutes les Gaules,— vous rappelez-vous le siège d'Alesia que défendait notre ami Vercingétorix ? — prit aussi Lutèce. Comme il en trouvait la position très favorable, il y fit construire de bonnes maisons, et réunir l'île aux deux rives de la Seine par des ponts solides. Lutèce commença dès lors à grandir ; et, plus tard, un empereur romain, Julien, y fixa sa résidence.

Si nous marchions seulement pendant dix minutes, après avoir traversé le pont de l'Archevêché qui est là derrière nous, nous trouverions, sur le côté gauche du boulevard Saint-Michel, les ruines d'une grande construction en briques. Or, ces ruines sont précisément ce qui reste du palais qu'avait fait élever l'empereur romain dont je vous parle. On appelle encore aujourd'hui ces débris *Thermes de Julien :* Thermes, parce que cette partie du palais contenait des bains qui, à cette époque, étaient désignés sous ce nom, un nom grec qui veut dire : eau chaude.

Depuis lors, Paris n'a cessé de se développer. Il faillit être détruit par le chef des Huns, dont je vous ai parlé, vous savez, ces barbares que saint Loup écarta des murs de Troyes (qui peut se rappeler cette histoire-là ?...), par... par... comment s'appelait cet affreux roi ? (*La maîtresse fait retrouver aux enfants le nom d'Attila.*)

Eh bien ! avant de marcher vers Troyes, cet Attila, qui revenait d'Orléans, s'avançait sur Paris avec 300,000 hommes, vous n'avez pas oublié !... ces sauvages pillaient et brûlaient tout sur leur passage. Les Parisiens consternés voulaient abandonner leur ville ; et qui sait alors s'ils y seraient jamais revenus ? et si Paris, au lieu d'être aujourd'hui une si grande ville, n'aurait pas disparu de la terre ? Eh bien ! une simple jeune fille qui était aussi courageuse que pieuse, Geneviève les rassura, en leur affirmant que Lutèce serait épargné ; et, secondée par ses parents qui étaient riches, elle fit entrer dans Paris de grandes provisions de blé. En effet, Attila se détourna de la ville, pour gagner les plaines de la Champagne. C'était bien juste, n'est-ce pas? que sainte Geneviève devînt la patronne de Paris, qu'on élevât une belle église en son honneur. Sainte Geneviève est, on peut le dire, le premier des grands hommes de la France; et, dans l'église qui lui est consacrée (et qu'on appelle aussi le Panthéon), des peintres célèbres ont reproduit les traits principaux de sa vie. Nous irons voir cela.

Le roi des Francs qui, du temps même de sainte Geneviève, se fit chrétien, et dont nous parlerons, Clovis, établit sa résidence à Paris. A partir de ce moment-là, Paris fut la capitale du pays qu'on appelait l'*Ile de France*, puis, de la France agrandie et puissante. C'est dans les murs de Paris, successivement élargis et étendus, comme la ceinture d'une personne qui grossirait sans cesse, que se sont accomplis tant d'événements qui ont ébranlé le monde; c'est dans les palais de Paris qu'ont habité tant de personnages illustres, tant de souverains célèbres dont tout homme, français ou étranger, sait les noms, et que vous, enfants bien élevés, vous devez connaître : Philippe-Auguste, saint Louis, Louis XI, François Ier, Henri IV, Louis XIV, Napoléon.

Mais, mes chers enfants, comment faire pour visiter, même en passant (puisque nous devons y revenir tout exprès), cet immense Paris? Nous n'en viendrons jamais à bout, s'il nous faut courir de tous les côtés, et visiter successivement chaque monument célèbre.

Tenez, pendant que nous sommes ici, sur le quai, avec la grande cathédrale devant nous, il me vient une idée. Vous voyez bien ces deux tours si élevées. Eh bien! quand nous aurons visité *Notre-Dame*, mais visité comme elle mérite de l'être, nous monterons en haut de l'une de ces tours : de là, avec la lunette d'approche, je vous montrerai tous les monuments les plus curieux de Paris. Nous pourrons ainsi les envisager rapidement, les visiter de loin, ou, comme on dit, à vol d'oiseau. Qu'en pensez-vous ?

— Oh ! oui, madame, oui. Monter en haut de cette grande tour, quel bonheur !

— Eh bien ! donc, commençons. Or, avant

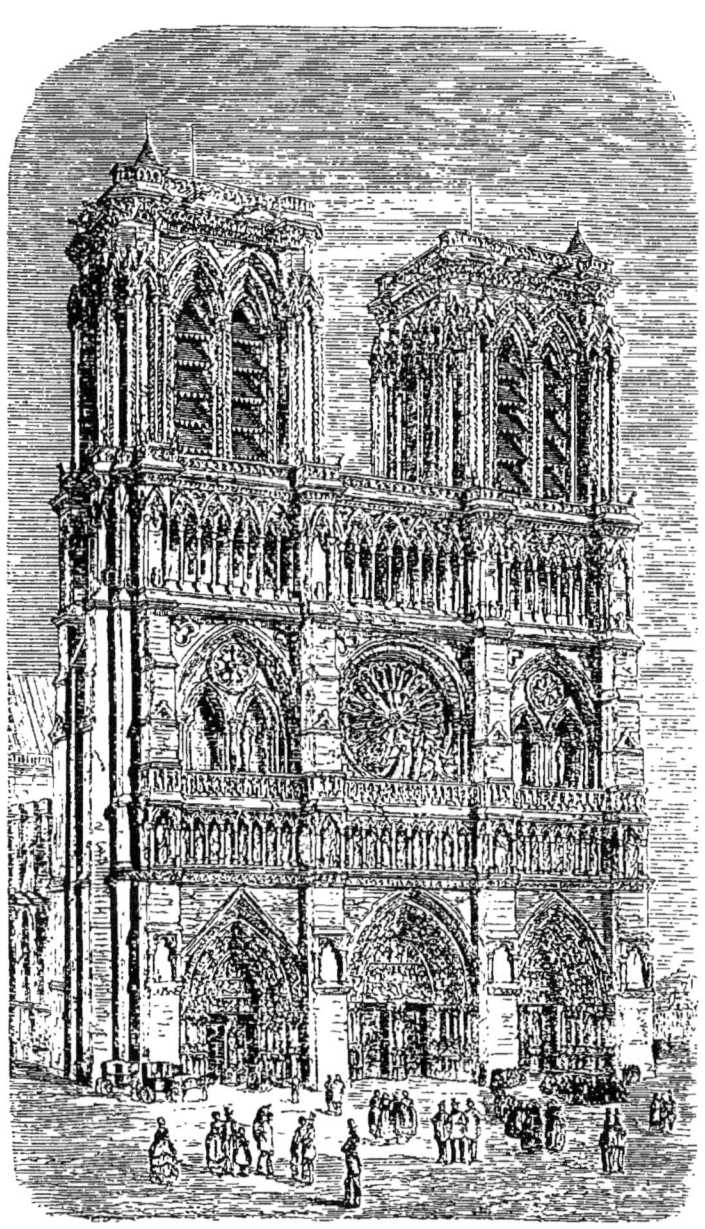

Façade de Notre-Dame de Paris.

tout, campons-nous quelques instants sur la grande place qu'on appelle le parvis Notre-Dame.

Nous voici devant la façade. Regardez d'abord l'ensemble, d'un seul coup d'œil. Voyez ces trois portails creusés en arceaux élégants qui se rejoignent au sommet, et qu'on nomme des *ogives* ; — au-dessus, cette série de niches ornées chacune de la statue d'un roi ou d'un saint ; — plus haut, cette immense fenêtre ronde, toute revêtue de découpures en pierre, la grande *rosace*, ainsi désignée parce que chacune de ses divisions, sorte de dentelle sculptée, semble une feuille d'une rose gigantesque aux couleurs éblouissantes ; — plus haut encore, cette longue et frêle galerie d'arcades à trèfles qui porte le prodigieux fardeau de ces deux tours carrées, toutes percées à jour, et protégées par des auvents. Tout cela, avec de merveilleux détails, et cette multitude innombrable de statuettes, de chapiteaux, de colonnettes, d'arabesques, de dentelures, splendides joyaux jetés à profusion, comme un vêtement de pierres précieuses, sur le colossal monument.

Certes, nous pouvons le dire, il nous sera

difficile de contempler rien de plus beau. Quels hommes étaient donc les architectes de ces temps anciens qui ont transporté, entassé, coordonné, en un tel plan, puis façonné, ouvré, fouillé, découpé en guipures de pareilles montagnes de pierre ; et cela, sans avoir à leur disposition ni chemins de fer, ni machines à vapeur, ni puissants instruments électriques et autres engins de construction. Qui donc tenait lieu de machines électriques, de vapeur, de chemins de fer? Deux choses : la foi et le dévouement.

C'étaient les gens de métiers et les hommes de la glèbe, ou, comme on disait, les vilains, qui, pour faire œuvre de piété, creusaient les carrières, charriaient les blocs énormes et les soulevaient à des hauteurs qui donnent le vertige, pendant que les bourgeois des villes et les seigneurs donnaient volontairement de grandes sommes d'or. En sorte que tout un peuple s'unissait, pour mener à bien des constructions séculaires, dans un même acte d'adoration, dans un même sacrifice à l'idéal.

Approchons-nous du grand portail. Sans parler de la multitude des statuettes qui semblent animer les arceaux de droite et de gauche, le triple rang de sculptures qui orne le dessus des deux portes vaut la peine d'être regardé de près; et ces sculptures, qu'on appelle des bas-reliefs, ont été si habilement restaurées, il y a quinze ans environ, que les figures nouvelles ne se distinguent vraiment pas des anciennes.

Savez-vous ce que les sculpteurs du treizième siècle ont représenté dans ces tableaux de pierre? le Jugement dernier. Tenez, voici le juge suprême assis sur son tribunal avec la terre sous ses pieds, comme un escabeau. A sa droite la sainte Vierge, à sa gauche saint Jean, tous deux intercédant pour les hommes. Voici, au son de la trompette des Anges, les morts qui sortent de leurs tombes; à droite la foule des élus, vêtus de longues robes, se dirige vers les demeures célestes; à gauche les méchants, qu'entraînent les démons, dans des luttes plus ou moins burlesques, puis le cheval célèbre décrit dans un des livres saints qu'on appelle l'Apocalypse. Voyez : ce cheval est monté par une femme qui semble une sorte de squelette, les yeux bandés, les cheveux en désordre; c'est la mort, un fer de lance à la main.

Au-dessus de ces scènes, toutes les figures que vous voyez sont celles des prophètes et des docteurs de l'Église.

Vous voilà au courant. Combien de gens ont passé et repassé devant Notre-Dame, qui ne se doutent même pas qu'il y a sous ce portail des tableaux sculptés ! Vous le savez, vous, maintenant ; et vous qui n'êtes que de petits écoliers, vous êtes en état d'en remontrer à ces ignorants ; voilà ce que c'est que d'avoir appris à regarder !

A présent, tournons à droite de la cathédrale, et allons sur le portail latéral qui est exposé au midi. Ce portail, à son tour, est une merveille.

Voyez cette porte dont le sommet est encadré entre les deux côtés d'une facette à angle aigu qui monte si haut, de ravissantes arcades à trèfle comme sur la grande façade, puis une seconde rosace, presque aussi grande et aussi ouvragée que celle de la place Notre-Dame ; au-dessus, le fronton aigu qui s'élève plus haut que le toit de l'église, flanqué de deux flèches appuyées chacune sur un faisceau de colonnettes.

De l'autre côté de la cathédrale, au nord,

nous trouverons, en pendant, un portail pareil. Allons y jeter un coup d'œil, faisons le tour du monument; nous voici derrière, dans un jardin. Que voyez-vous ? de grands arcs en pierres qui, aboutissant au chœur et au chevet de l'église, entre les fenêtres, reposent à leur naissance sur de gros piliers carrés qu'on appelle des contre-forts, et qui sont terminés par de jolies colonnettes. Ce sont les arcs-boutants, qui, semblables à de grandes pattes d'araignée, appuyant et consolidant l'édifice, trouvent moyen de former un ensemble plein d'harmonie et de grâce, tout en jouant un rôle très utile.

Nous passons devant le portail latéral sans nous y arrêter; et nous voici revenus sur le parvis, devant la grande façade.

CINQUIÈME CAUSERIE

PARIS

Le parvis Notre-Dame. — Les marches. — Les portes : Biscornette. — La grande nef. — Les rosaces. — Les destructeurs de Notre-Dame. — Ascension aux tours. — Les hommes-fourmis.

Avant d'entrer dans Notre-Dame, remarquez, mes enfants, que loin de monter, nous descendons une marche. Cela est bizarre, n'est-ce pas ? Eh bien ! je me hâte de vous le dire, quand la grande église a été construite, il y a six cents ans, on parvenait au portail où nous sommes par un escalier de onze marches. Ces degrés ajoutaient encore, vous le comprenez, à la majestueuse hauteur de l'édifice. Comment le sol s'est-il ainsi exhaussé ? il faudrait, pour répondre, pratiquer des fouilles : on retrouverait sous nos pieds les débris des ruines accumulées par cinq ou six siècles. Et puis, on a endigué la Seine qui coule tout près, sous nos yeux ; on a construit un quai : force était de relever la berge, et de faire un terre-plein. Voilà comment nous entrons sans monter; au contraire.

Tenez, en passant, donnons un coup d'œil aux ferrures qui revêtent les vantaux de bois des portes ce; sont de véritables arabesques en fer forgé. Regardez-les bien : on les considère comme les chefs-d'œuvre de la vieille serrurerie ; savez-vous comment s'appelait l'artiste qui les a travaillées? je parie que vous retiendrez son nom : ne riez pas trop ; il s'appelait... s'appelait : *Biscornette ! (rire général).*

Qui va répéter ce nom-là?

Tous les enfants : Biscornette ! Biscornette !

N'est-ce pas que c'est un joli nom de serrurier?

Nous voici dans l'église. Ouvrons les yeux tant que nous pouvons, encore, encore ! qu'en dites-vous? voici la grande *nef*, qui, semblable à un immense *vaisseau* renversé, s'allonge jusqu'au chœur, flanquée, de chaque côté, de deux nefs basses, lesquelles sont bordées elles-mêmes d'une ceinture de chapelles. A quelle hauteur s'élancent ces colonnettes, ces nervures, entre lesquelles s'ouvrent ces grandes fenêtres terminées en arceaux, et dont les

Intérieur de Notre-Dame de Paris.

courbes élégantes s'entre-croisent sous les voûtes, à perte de vue !

Justement, voici qu'un rayon de soleil pénètre par la grande rosace, au-dessus de nos têtes. Regardez tout au fond du chœur, là-bas, en face de nous : des reflets scintillants de toutes couleurs, des rayons d'or et d'argent, de rubis et d'émeraudes, lancés comme des flèches par l'immense verrière, viennent danser et flamboyer sur les arcades ogivales. La cathédrale semble illuminée par un feu d'artifice ; et si nous avançons jusqu'aux deux galeries qui forment la croix, à ces flammes intérieures se joindront les rayonnements des deux rosaces latérales.

Ces trois admirables verrières ont échappé, par bonheur, aux entreprises des abominables administrateurs qui, il y a cent cinquante ans, sous prétexte de restaurations, se mirent à saccager Notre-Dame de Paris. Hélas ! le croirez-vous, et ose-t-on l'avouer ? ce sont des architectes, tant le goût était perverti à cette époque ! qui, d'accord avec les chefs ecclésiastiques, pensant réaliser un embellissement, ont remplacé les anciens vitraux de la nef, tous vitraux du même genre que ceux des trois grandes rosaces, par ces horribles vitres blanches que vous voyez-là haut; et cela pour qu'on vît plus clair !

Ce n'est pas tout : le chœur était fermé autrefois par une galerie à jour, qu'on appelle un jubé, galerie finement ouvrée et où se trouvaient sculptées toutes les scènes de la passion et de la résurrection. Car, mes enfants, une église comme Notre-Dame (comme au reste toutes les églises de cette époque) était un immense musée où des tableaux en pierre et des vitraux parlants enseignaient à la foule des fidèles les mystères de la foi, et leur rappelaient toutes les scènes de l'Ancien et du Nouveau Testament; un musée où les *leçons de choses*, ainsi qu'on dit aujourd'hui, se faisaient naturellement et comme d'elles-mêmes.

Eh bien! ce jubé magnifique, les mêmes architectes ont eu le courage de le démolir, en même temps qu'ils enlevaient l'ancien maître-autel aux colonnes de cuivre; tout cela, disaient-ils, pour rendre la circulation plus facile! N'est-ce pas affreux de voir de tels actes de vandalisme commis par des gens qui avaient la prétention de restaurer?

Mais ce n'est pas tout encore : après la truelle

des faiseurs d'embellissements vint le marteau des démolisseurs. Vous voyez bien, n'est-ce pas, ces grosses colonnes massives couronnées de chapitaux, sur lesquelles reposent les arcades du premier rang et l'édifice tout entier. Eh bien! entre ces piliers s'élevaient autrefois des statues de rois, de reines, d'évêques, de saints, de guerriers, toute une forêt de personnages en pierre, en marbre, en cuivre, en argent même; puis sur les dalles, les pierres tombales, des monuments funèbres, aux statues couchées, les mains jointes, avec costumes historiques et inscriptions précieuses. Or, il y a quelque quatre-vingt-dix ans, dans un moment de démence révolutionnaire, des fous furieux renversèrent, arrachèrent, brisèrent tous ces souvenirs des anciens âges, en même temps qu'ils mutilaient les statuettes, les clochetons et les colonnettes qui, au dehors, décoraient le grand portail.

Quand il vous est arrivé, mes petits amis, de casser volontairement un vase, une fleur, un objet précieux quelconque, un joujou même, vos parents vous ont grondés, n'est-ce pas? et vous avez compris que détruire pour détruire était le plaisir d'un sot, et une mauvaise action. Jugez ce qu'il faut penser des misérables qui s'acharnaient à briser des œuvres d'art et à profaner les objets de la vénération de tant de siècles !

Mais ces temps-là sont loin de nous, grâce au ciel ; et Dieu nous garde de les revoir jamais !

Nous ne pouvons rester plus longtemps dans l'intérieur de Notre-Dame ; vous savez que nous avons à monter bien haut, bien haut, pour jeter un coup d'œil d'ensemble sur les monuments de Paris tout entier. Tenez, la petite porte qui s'ouvre dans ce gros pilier donne sur l'escalier en colimaçon qui va nous conduire au sommet de la grande tour ; escaladons : qui me suit ? Mais faisons provision de courage, et vivent les bonnes jambes ! car nous avons terriblement de marches à gravir. Une ! deux ! trois !...

(*Les enfants font le geste de monter des marches, à la grande joie de chacun d'eux.*)

Nous voici sur le toit, entre les deux tours : voyez là-bas, au-dessus du point où, dans l'église, les bras de la croix coupent la grande nef, cette charmante flèche qui d'en bas paraît si ténue et qui s'enfonce hardiment dans le ciel.

Un architecte de grand talent, le vrai restaurateur (on peut le dire cette fois) de Notre-Dame, Viollet-le-Duc, l'a reconstruite il y a une quinzaine d'années. Car, peut-on le croire? ce délicieux petit clocher avait été amputé, lui aussi, par les vandales du xviiie siècle, qui avaient recouvert la plaie avec un ridicule emplâtre de plomb. — Reprenons notre escalier, et grimpons encore : une, deux, trois ! une, deux, trois !

Enfin, nous apercevons le jour par en haut; nous y voici ; nous sommes au sommet de la tour : des balustres en pierre préservent, des quatre côtés, les visiteurs ; nous pouvons tout examiner sans crainte ; regardez par-dessus le parapet : Dieu ! que c'est haut ! Tenez, les hommes sur la grand'place paraissent autant de fourmis ; et les voitures semblent des petits jouets tels que ceux qu'on vous donne aux étrennes. Voyons, orientons-nous ; étudions à la hâte ce grand Paris qui est à nos pieds.

SIXIÈME CAUSERIE

PARIS

Paris à vol d'oiseau. — Ancienne enceinte de Paris. — Étude à la lorgnette d'approche. — Les quatre coins : l'Arc-de-Triomphe. — Colonne de la Bastille. — La gare du Nord. — Le Panthéon et le Val-de-Grâce. — Henri IV. — Retour au bateau. — Au revoir, Paris !

Je vous ai dit, vous vous en souvenez, que Paris avait commencé par tenir tout entier dans cette île de la Seine où nous sommes, dans la Cité ; puis, que des ponts, le pont Saint-Michel d'un côté et le pont Notre-Dame de l'autre, avaient relié la Cité aux rives opposées. Voulez-vous savoir où en était Paris, au moment précisément où fut achevée, à peu près, la grande Cathédrale où nous sommes ? Le principal portail de Notre-Dame fut terminé sous un roi dont il faut retenir le nom, sous le règne de Philippe-Auguste. Eh bien ! ce fut Philippe-Auguste qui fit construire autour de Paris, déjà quelque peu agrandi, mais bien petit encore, une épaisse muraille flanquée de 500 tours. Tenez, nous allons suivre des yeux cette enceinte de Philippe-Auguste ; vous jugerez ainsi de ce que Paris est devenu depuis lors. Chacun à son tour va se servir

L'Institut.

de la lunette d'approche. Cela sera très amusant.

Regardez bien le point visé par la lunette, là, vis-à-vis de ce pont qui s'appelle le *pont des Arts*. Vous voyez un dôme : c'est le dôme de l'Institut, palais dans lequel se rassemblent beaucoup de savants. Eh bien ! à la place de ce dôme, et presque sur les bords du fleuve, s'élevait la *Tour de Nesle*. C'est à la Tour de Nesle que commençait la muraille de Philippe-Auguste. Cette muraille laissait hors de Paris l'abbaye Saint-Germain-des-Prés que nous voyons là-bas, montait jusqu'au palais des Thermes, enfermait l'abbaye Sainte-Geneviève, là où vous apercevez le dôme du Panthéon, puis redescendait à la Seine, ici tout près, au pont de la Tournelle, vis-à-vis la pointe de l'île Saint-Louis.

En face, de l'autre côté de la Seine, la muraille passait en deçà de l'église Saint-Paul-Saint-Louis que vous voyez là, puis, tournant à gauche, s'avançait au-dessus des Halles et de Saint-Eustache, en redescendait par-devant Saint-Germain l'Auxerrois, jusqu'au pont des Arts, vis-à-vis la Tour de Nesle.

Ainsi, le Louvre, les Tuileries, les plaines qui ont formé le quartier de Notre-Dame-des-Victoires, du Temple et la place Royale, sur la rive droite, étaient en dehors de Paris. — Sur la rive gauche, ni Saint-Germain-des-Prés, ni le Luxembourg, ni le Val-de-Grâce, ni le Jardin des Plantes n'étaient compris dans l'enceinte.

Voilà ce qu'était Paris sous Philippe-Auguste, il y a près de 700 ans. Avouez qu'il a fait

L'Arc-de-Triomphe.

depuis quelque progrès ; car il s'étend, tout autour de nous, littéralement à perte de vue.

Dôme des Invalides.

Maintenant faites-vous une idée des quatre coins de Paris. Là-bas, tout là-bas, en face de nous, vous voyez ce colossal édifice en forme d'arc, sous lequel passent les rayons du soleil couchant. Ce monument qui a été célébré par un grand poète, Victor Hugo,

> Ce vaste entassement ciselé par l'histoire
> Monceau de pierre assis sur un monceau de gloire!

c'est l'*Arc-de-Triomphe*, commencé par Napoléon Ier en l'honneur de la *grande armée* comme on appelait alors l'armée française, victorieuse de l'Europe.

Tournez la lorgnette un peu vers la rive gauche : ce dôme tout étincelant d'or sous les feux du soleil, c'est le dôme des *Invalides*, magnifique hôtel construit par Louis XIV pour recueillir les soldats vieux ou blessés.

Retournons-nous, juste à l'opposé de l'Arc-de-Triomphe : voici la colonne de la place de la Bastille, colonne fort laide par parenthèse, qui ressemble à un grand tuyau de poêle surmonté d'un génie ailé s'élançant on ne sait où. Mais enfin, si piteuse que soit cette colonne, c'est pour nous un point de repère.

Un demi-tour à gauche, c'est-à-dire au nord : vous apercevez une longue façade plate, creusée au milieu par un grand cintre, lequel, il faut l'avouer, forme un triste pendant à l'une des rosaces de Notre-Dame. C'est la gare du chemin de fer du Nord, la plus grande des

Gare du chemin de fer du Nord.

gares de Paris. Ah! s'ils avaient connu les chemins de fer, les architectes de Notre-Dame; et s'ils eussent eu à bâtir des gares, quelles portes voûtées, flanquées de quelles tourelles avec encorbellement, c'est-à-dire en saillies de plein relief, et surmontées de quels toits aigus avec mansardes à croisillons, vous eussent construites ces grands artistes ! Et à l'intérieur, quel immense *hall* des pas-perdus aux voûtes ogivales, avec lambris de bois sculptés, tout peuplé d'ailleurs de statues entre les piliers ! quelles salles d'attente à grands arceaux romans enluminés d'or et d'azur eussent-ils présentés à l'admiration des amis de l'art ! Au lieu de n'être que des dépôts à colis et des boutiques à *billets* d'aller et retour, les gares eussent été véritablement les portes de cette grande ville de Paris !

Enfin, demi-tour à votre droite, c'est-à-dire au Sud ! Voici deux autres dômes : l'un, le *Panthéon*, qu'on a plaisamment comparé à un grand biscuit de Savoie, le Panthéon ou Sainte-Geneviève, du nom de l'humble mais illustre femme que nous avons appelée, il vous en souvient, le premier grand homme de la France, et à qui l'édifice a été consacré ; — le second, celui du *Val-de-Grâce*, contemporain du dôme des Invalides. — Puis un peu plus loin, l'*Observatoire* : c'est le palais du haut duquel les astronomes *observent* le cours des astres et tous les phénomènes célestes.

Vous pouvez, après notre voyage aérien, vous orienter dans Paris, n'est-il pas vrai ?

Le Panthéon.

puisque nous venons de jouer aux quatre coins, et que nous voici revenus à cette grande Tour de Notre-Dame, qui est notre *Observatoire* à nous, et du haut de laquelle je n'ai plus qu'à vous signaler cette jolie flèche

L'Observatoire.

aiguë, ici, tout près de nous ; c'est la flèche de la *Sainte-Chapelle :* la chapelle construite par saint Louis dans la cour du Palais, une des merveilles de l'architecture ogivale ; nous la visiterons en détail, lors de notre voyage spécial dans Paris.

Et maintenant, songez que nous n'avons

La Sainte-Chapelle.

pas de temps à perdre. Il nous faut reprendre notre navigation sur la Seine. Redescendons par l'escalier en colimaçon. Prenez garde : il

Statue de Henri IV.

faut plus de précautions pour descendre que pour monter; gare aux culbutes de marche en marche dans l'obscurité! Allons! passez à la queue leu leu, et bien doucement.

Pont-viaduc d'Auteuil.

Bon! nous voici de rechef sur le parvis, devant le grand portail : notre bateau nous attend, un peu plus loin, là-bas, à l'extrémité de l'île où nous sommes, aux limites de la Cité, au pied de cette statue de bronze. Voyez-vous ce personnage, bien campé sur son cheval, à l'air bon homme et narquois tout ensemble. C'est Henri IV, vous savez la chanson :

Vive Henri IV! etc...

Bonjour et adieu, Henri IV! Nous sautons dans notre bateau. Allons, un bon coup de rames! Nous passons devant le Louvre, devant les Tuileries, devant la Chambre des députés, devant les Champs-Élysées, puis au pied d'un beau quartier en amphithéâtre qu'on appelle Passy. Puis encore le long des jardins d'Auteuil où se dressent les arcs d'un bel aqueduc. Nous avons quitté la grande ville. Au revoir, Paris, mais non pas adieu !

SEPTIÈME CAUSERIE

SEINE-ET-OISE

Sèvres. — Saint-Cloud. — Saint-Denis. — La Légion d'honneur. — Décore-t-on les femmes? — La basilique de Saint-Denis. — Saint-Germain-en-Laye. — Le château. — Le musée des antiquités nationales. — Conflans-Sainte-Honorine. — Poissy. — Mantes. — Versailles. — Encore l'invasion. — L'empire d'Allemagne. — Travail et réparation.

Nous laissons à gauche *Sèvres* où se trouve la célèbre manufacture de porcelaine ; *Saint-Cloud* dont le château et presque toutes les maisons ont été renversés ou incendiés par les Prussiens, en 1870. Puis, nous suivons le fleuve qui s'infléchit sur la droite jusqu'à Saint-Denis.

Tenez! tenez! toutes ces longues cheminées en briques d'où s'échappe une fumée qui se répand en nuages sombres. Ce n'est pas gai la vue de toutes ces usines noircies, mais les villes industrielles ressemblent toutes plus ou moins à celle-ci. Savez-vous que Saint-Denis a une population d'à peu près 25,000 ouvriers?

Mais il n'y a pas ici que des cheminées et des usines. Voyez-vous ce grand bâtiment? c'est la maison de la *Légion d'honneur* où sont

Manufacture de Sèvres.

élevées les filles des officiers de l'armée française. Savez-vous ce que c'est que la Légion d'honneur?

Jules. — Madame, *c'est quand* on porte une croix avec un beau ruban rouge, comme mon grand-papa qui a un bras de moins.

— Ah ! en effet. Ton grand-père qui a été soldat, et qui, en montant à l'assaut contre les Russes, à Sébastopol, il y a vingt-sept ans, a eu le bras emporté par un boulet de canon, a été décoré pour sa belle conduite. Eh bien ! la Légion

Saint-Denis.

d'honneur est composée de tous ceux, soldats ou autres — magistrats, prêtres, savants, artistes, écrivains, instituteurs (car un instituteur qui, pendant de longues années, a formé de bons Français et de bons chrétiens, est un des plus utiles serviteurs du pays) qui ont rendu assez de services à la France pour mériter la décoration.

Qui, parmi vous, veut un jour conquérir la croix ?

Les enfants, *levant les mains*. — Tous ! tous !

— Ah ! oui, tous ! C'est très bien ; mais alors il faut que *tous* vous fassiez un jour des merveilles.

Toi, Henri, tu veux être officier, c'est entendu, et tu deviendras général.

Henri. — Je veux être maréchal de France !

Paul. — Et moi, je ferai de belles inventions : je veux fabriquer des ballons qui remplaceront les chemins de fer, pour voyager à travers les nuages.

Paul. — Et moi, je peindrai de beaux tableaux. Je fais déjà des dessins sur mon ardoise.

Ernest. — Et moi, je composerai des morceaux de musique comme l'opéra que l'on m'a mené voir l'autre jour, ou comme le morceau que l'on a joué sur l'orgue à l'église : on m'a dit que l'auteur s'appelait Gounod.

Alphonse, Eugène. — Et moi ! et moi.....

Clémentine. — Eh bien ! Et nous donc ! et les filles, est-ce qu'on ne les décore pas ?

— Ah ! ah ! tu n'oublies pas les filles, toi !

c'est parfait; mais, il y a bien des gens qui trouveraient ta question fort embarrassante. Eh bien! voici ma réponse.

On ne nous décore pas, nous autres femmes, d'abord parce que nous ne sommes pas appelées à faire des choses extraordinaires, et que la femme que l'on considère le plus est celle qui se contente d'être une bonne mère de famille, ou une pieuse servante des pauvres. — Si elle se distingue, ce doit être par son dévouement, sa vertu douce et sa modestie, ce qui ne l'empêche pas d'être obligée très souvent d'avoir, plus que bien des hommes, intelligence, force et courage, mais ce qui ne se récompense que par l'estime et par l'affection.

Ensuite, on ne nous décore pas, parce qu'une femme qui porterait un signe de distinction, et qui semblerait dire à tout le monde : regardez-moi donc! aurait l'air parfaitement ridicule.

Et cependant, il y a eu, dans des circonstances tout à fait exceptionnelles, des femmes décorées, des femmes chevaliers de la Légion d'honneur. Mon Dieu, oui, j'en puis citer deux : Une, — elle s'appelait (mais elle vit encore!

la digne fille) Mlle Dodu, — qui avait risqué sa vie (elle était receveuse d'un bureau de poste) pour dérober des dépêches aux Prussiens, pendant la terrible guerre de 1870; — l'autre, une sœur de Saint-Vincent de Paul, morte il y a vingt-cinq années, et qui pendant un demi-siècle avait fait des miracles de charité, dans le quartier le plus misérable de Paris, la célèbre sœur Rosalie. Cette sainte fille, on a voulu absolument la décorer; mais elle, cela ne vous étonnera pas, en avait été désolée. Elle se demandait comment elle avait eu le malheur d'attirer ainsi l'attention; et, après sa mort, on retrouva sa croix de la Légion d'honneur enfouie, au fond d'un tiroir, sous des chiffons, des images de piété et des chapelets.

Mais pendant que nous causons, le bateau marche. Regardez encore là-bas : voici la grande basilique de Saint-Denis : une magnifique église, à peu près du même temps que Notre-Dame, et qui a été pendant des siècles, le lieu de sépulture des rois de France. Si nous pouvions visiter la cathédrale, nous verrions dans la crypte, c'est-à-dire dans la partie souterraine du monument, un grand nombre d'anciens tombeaux.

Façade de l'église Saint-Denis.

C'est dans l'église de Saint-Denis que l'on conservait une sorte d'étendard d'étoffe rouge à trois échancrures, suspendu au bout d'une lance dorée, que l'on nommait l'*Oriflamme*. Avant de partir pour la guerre, le roi allait, en grande cérémonie, chercher l'Oriflamme qu'il confiait à quelque vaillant chevalier. Celui-ci marchait devant le roi, et l'étendard en main, se jetait dans la mêlée en poussant le cri de guerre : *Montjoie et Saint-Denis !*

Tenez, voici que la Seine tourne sur la gauche, puis décrit une grande courbe, se repliant sur elle-même comme un serpent aux écailles argentées. Nous passons à Argenteuil où l'on fait du vin... pas très bon ! Si on vous offre une bouteille de Bourgogne pour trois d'Argenteuil, je vous conseille d'accepter l'échange.

Maintenant la Seine se replie à droite, et voici un château qui domine grandiosement le cours du fleuve, c'est le château de *Saint-Germain-en-Laye*.

Ah ! j'oubliais de vous dire que depuis notre départ de Saint-Denis nous sommes entrés dans le département de Seine-et-Oise.

La *Terrasse* de Saint-Germain ! vous avez entendu parler de cette magnifique promenade

Château de Saint-Germain.

du haut de laquelle la vue plonge sur Paris tout entier et sur la vallée de la Seine couronnée de bois et de jolis villages. La terrasse a près de 3,000 mètres, et s'étend le long de la forêt, cette belle forêt où les Parisiens aiment tant aller se promener le dimanche. Le château domine la terrasse. Savez-vous qui l'a construit ce château moitié briques, moitié pierres? deux princes dont vous connaissez les noms, François Ier et Louis XIII.

Les savants y font de fréquentes visites, parce qu'il renferme un musée très intéressant, où vous irez quand vous apprendrez l'histoire de France, un peu plus sérieusement qu'aujourd'hui : le musée des *Antiquités nationales*. Ce musée renferme tous les objets qu'on a pu trouver se rapportant aux plus vieilles époques de notre histoire, aux époques des druides, de Jules César et du vaillant capitaine qui a si bien lutté contre le général romain. Dites-moi son nom, vous le savez... Voyons qui se rappelle ce que nous avons dit de ce héros?.. le siège d'*Alésia*; le capitaine qui saute sur son cheval pour aller se livrer à César, et sauver ses concitoyens ? *Ver-cin...*

Plusieurs enfants : Vercingétorix !

Vue prise de la terrasse de Saint-Germain.

— Eh! oui, notre vieille connaissance Vercingétorix. Eh bien! tout ce qu'on a pu trouver d'armes de cette époque, épées, piques, boucliers, casques, statues, bas-reliefs, monnaies, bijoux, vases, etc., tout cela est déposé et classé dans des vitrines. On y voit aussi des plans qui permettent de comprendre les événements historiques. Par exemple un plan d'Alise-Sainte-Reine, avec indication des travaux exécutés par les Romains qui assiégeaient la ville.

Il y a une salle où se trouvent des objets plus anciens encore, des fragments de squelettes et des crânes d'hommes et d'animaux qui ont vécu il y a 3 ou 4,000 ans, des instruments et des armes en pierres taillées, du temps où les hommes ne connaissaient encore ni le fer, ni aucun autre métal.

Voilà ce qu'on voit au château de Saint-Germain. Cela vaudra la peine d'y venir tout exprès. Au revoir, Saint-Germain.

Voici que la Seine se replie encore une fois sur elle-même. Suivons-la. Ah! quel est le gros bourg si bien perché au haut d'une colline et couronné d'un clocher? c'est *Conflans-Sainte-Honorine.*

Que veut dire *Conflans?* Ce mot ressemble

Poissy.

beaucoup à un autre mot que vous connaissez bien *Confluent*.

Église de Poissy.

Confluent, c'est le lieu où deux cours d'eau se réunissent pour *couler ensemble*. Quelle est donc ici la rivière dont les eaux se jettent dans la Seine? la voici, c'est l'*Oise*, jolie rivière qui nous vient de la Belgique, et qui, tout près d'ici, depuis l'*Isle-Adam* et *Pontoise*, forme une verdoyante et agréable vallée.

Passons. Ces deux pointes aiguës que

Meulan.

vous apercevez devant vous, ce sont les clochers de l'église de Poissy, très ancien édifice du XIIe siècle, où fut baptisé saint Louis. Retenez cela : c'est à Poissy que naquit celui qui fut un grand roi et un grand saint, ce prince qui servait les pauvres à table, et pansait les plaies des infirmes dans les *Hôtels-Dieu* qu'il fondait, ce qui ne l'empêchait pas de guerroyer vaillamment contre les ennemis de la France, et de confectionner de bonnes lois.

Mantes.

Voici *Meulan*, *Mantes* dont l'église (xii° siècle) surmontée de deux tours élégantes a un portail qui est une œuvre célèbre; puis, d'un coup de rame, nous entrons dans le département de l'Eure.

Et le chef-lieu de Seine-et-Oise, nous ne

l'avons pas vu. La Seine ne nous y conduit pas; mais assurément vous en savez le nom qui est connu de tout le monde. C'est *Versailles;* Versailles, fameux par son immense château, que construisit Louis XIV, et qui est aujourd'hui le musée de l'histoire de France; par son parc, ses bassins, ses jets d'eau. Il faut le voir un jour de fête, ou, comme on dit, un jour de *grandes eaux.*

A Versailles se rattachent de douloureux souvenirs. C'est là que, dans la triste guerre de 1870, les Allemands avaient établi leur quartier général, au moment du siège de Paris; c'est là que se réunirent les chefs ennemis: les princes de Bavière, de Saxe, de Wurtemberg, de Bade, de Hesse, etc., pour proclamer la reconstitution de l'*Empire a'Allemagne*, et poser la couronne impériale sur la tête du roi Guillaume de Prusse.

Voilà qui nous rappelle de grands désastres, et doit nous exciter à bien travailler, tous tant que nous sommes, petits et grands, pour contribuer peu à peu à les réparer, et mettre notre cher pays en mesure de retrouver en Europe le rang qui lui appartient, c'est-à-dire le premier.

Qui est de cet avis-là?

HUITIÈME CAUSERIE

EURE

L'Eure. — Vernon. — Les pirates normands. — Le château de Gaillon. — Les Andelys. — Le Poussin. — Louviers. — Les loups. — Le loup dans les fables. — Les fabriques : la laine et les draps.

L'*Eure !* d'où vient ce nom ? de la rivière qui, traversant une partie du département, se jette dans la Seine, près du bourg de Pont-de-l'Arche que nous rencontrerons plus loin.

Cette ville que nous laissons à notre gauche, c'est *Vernon*, chef-lieu de canton qui compte 6,000 habitants, s'il vous plaît. Les Normands, dans le temps fort éloigné où leurs ancêtres étaient des pirates et d'affreux bandits, remontant la Seine sur de petits bateaux pour piller à droite et à gauche, avaient établi à Vernon une sorte de camp retranché où ils accumulaient leur butin.

Cette tour que vous apercevez là-bas est un reste du château de *Gaillon*, monument qui avait été construit, il y a plus de trois siècles, par un célèbre ministre du roi

Louis XII, le cardinal Georges d'Amboise. Ce magnifique château fut, en partie brûlé, dans les premières années du xviii° siècle ; et, plus tard, presque détruit par des vandales qui l'avaient acheté. Ce qui en subsiste sert au-

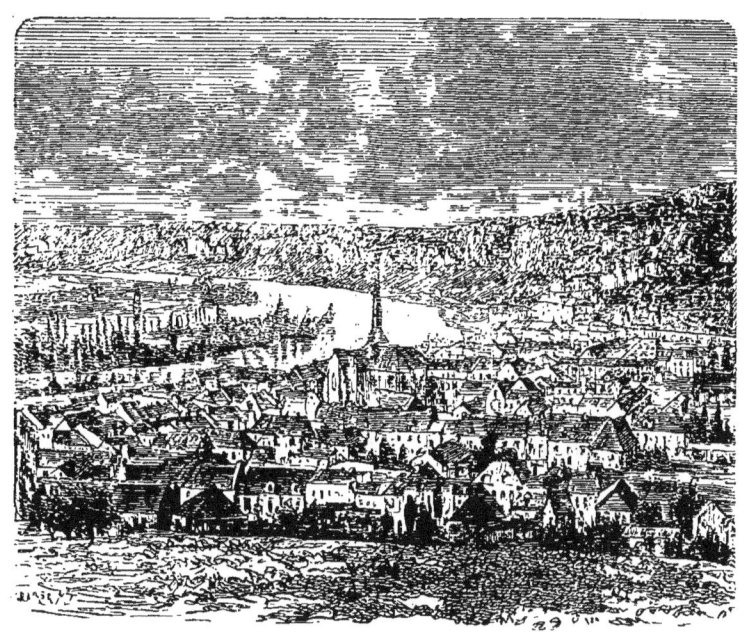

Les Andelys.

jourd'hui de maison de détention pour les condamnés. Un des portiques du château était d'une si belle architecture qu'on l'a transporté, pierre par pierre, à Paris, et qu'on l'a reconstruit dans la cour du palais des beaux-arts.

Sur notre droite, voici les *Andelys*.

Il y a aux Andelys une belle église gothique avec de magnifiques vitraux. Dans l'hôtel de ville, nous verrions, si nous en avions le temps, un tableau d'un peintre célèbre, un des plus grands maîtres du xviie siècle, qui était né précisément aux Andelys, Nicolas Poussin. Nous irons, lors de notre voyage dans Paris, admirer les principales œuvres du Poussin au Musée du Louvre. Du reste, tous les tableaux de ce maître ne se trouvent pas en France ; les musées d'Italie, pays où le Poussin résida longtemps, en possèdent un bon nombre. Songez que le grand artiste n'a pas laissé moins de 350 ouvrages !

Voyez s'il a perdu son temps !

A notre gauche, bien loin là-bas, dans les terres, nous entrevoyons une ville plus considérable, c'est *Louviers* située sur l'Eure. — Louviers a commencé par être un rendez-vous pour la chasse aux loups. Des loups! qui de vous, mes enfants, a jamais vu des loups ?

Personne ne dit mot. En effet, on n'en voit presque plus, tant on leur fait la guerre, que par certains hivers bien froids. Mais on parle souvent d'eux dans les fables que vous apprenez par cœur. Qui peut me citer une fable où il est question de loups? Voyons : qui parlera le premier?

ALFRED. — Madame, *le Loup et l'Agneau*.

> La raison du plus fort est toujours la meilleure
> Nous l'allons montrer tout à l'heure.

Je réciterais bien la fable tout entière!

— Très bien cela. Et encore une autre fable? qui veut parler?

EUGÉNIE. — Madame, une fable où un chien conseille au loup de venir avec lui à la maison, pour faire de bons dîners. Mais le loup ne veut pas, parce qu'il ne pourrait plus courir où il voudrait.

> ... Cela dit, maître-loup s'enfuit et court encor.

— A merveille! je vois que vous avez retenu vos fables de La Fontaine. Il y a encore : le *Loup devenu berger*, le *Loup et le Chasseur*.

CAROLINE. — Madame, et puis le *Loup et la Cigogne*, elle est amusante, celle-là!

— Bon; et encore le *Loup plaidant contre le Renard*, le *Loup et le Renard;* mais on n'en finirait pas : tant on s'est servi du loup pour peindre les gens méchants et hypocrites! Voilà ce que c'est d'avoir une mauvaise réputation : on en met sur votre compte plus encore qu'il n'y en a.

Revenons à Louviers. C'est une ville où l'on ne voit plus le nez ni la queue d'un loup, mais, en revanche, de grandes quantités d'une marchandise fabriquée avec la laine des pauvres animaux qui étaient jadis les victimes habituelles des loups, c'est-à-dire des moutons et des brebis. Vous savez ce tissu doux et chaud qu'on appelle du drap. Chacun de vous connaît le drap, car c'est avec ce produit précieux qu'on vous fait de bons vêtements pour l'hiver, draps unis ou croisés, cuirs de laine, satins de laine, casimir, etc...

D'où provient le drap ? il ne se fait pas tout seul, allez. On ne l'obtient que moyennant des opérations très compliquées. Il faut d'abord laver, dégraisser, trier, carder les laines ; puis on procède au *filage*, au *tissage*, au *foulage* ; on passe ensuite au *lainage*, à l'*épincetage* et enfin à la *teinture;* que d'ouvriers en mouvement ! Que de travail dépensé avant que la pièce de drap puisse être remise au tailleur qui vous confectionne vos pantalons, vos gilets et les paletots de vos papas.

Les draps de Louviers ont longtemps passé pour les plus beaux de l'Europe. Il y a aussi à Louviers des filatures de coton, puis des teintureries, des tanneries, etc. Ici, comme partout, vous le voyez, on travaille; car, qui ne

Elbeuf.

travaille pas ne doit pas manger, dit le proverbe. Nous passons devant l'embouchure d'une rivière : c'est l'*Eure* dont nous avons parlé, puis nous apercevons Elbeuf. Nous voici dans la *Seine-Inférieure*.

NEUVIÈME CAUSERIE

SEINE-INFÉRIEURE

Combien avons-nous fait de kilomètres ? — Elbeuf. — Fabriques et usines. — Les églises d'Elbeuf. — Oissel : encore les pirates. — Normands et Gascons. — Arrivée à Rouen. — La grosse horloge. — Le cidre. — Le Palais de justice. — Hôtel de Bourg-Théroulde. — Le Vieux-Marché : Jeanne d'Arc. — Le bûcher. — La cathédrale. — Style flamboyant. — La lanterne. — La tour de beurre. — Saint-Maclou. — Le quartier de Martinville : les vieilles maisons. — Les anciennes rues. — Les rues modernes. — Corneille. — Saint-Ouen. — Le maître qui poignarde son élève. — Le port. — Les navires de commerce. — La rouennerie.

Savez-vous combien nous avons parcouru de kilomètres depuis que nous avons commencé notre navigation, dans la Côte-d'Or ? Six cent vingt. Et combien avons-nous rencontré de rivières se jetant dans la Seine ? — Cinq. Vous rappelez-vous leurs noms ? — L'Aube, l'Yonne, la Marne, l'Oise et l'Eure.

Voyons ; montrez-moi chacune d'elles sur la carte, avec la baguette. (*La maîtresse fait faire cet exercice par plusieurs enfants.*) Continuons à suivre le courant. Nous passons devant Elbeuf. Vous avez entendu des ouvriers dire d'un camarade endimanché : « Il a endossé *son Elbeuf.* » Cela veut dire : il a mis son plus bel habit de drap. C'est qu'en effet Elbeuf, non moins que Louviers, plus encore que Louviers, est célèbre par ses manufactures de draps. Elbeuf, qui compte plus de 22,000 habitants, semble une seule et immense fabrique ; c'est une véritable ruche d'ouvriers, un pêle-mêle animé et bruyant de filatures, de lavoirs à laines, de teintureries, de tanneries, de moulins à foulons. L'industrie d'Elbeuf achète annuellement pour plus de 40 millions de laines qui entrent dans la ville en toisons, et en ressortent à l'état de produits fabriqués, avec une valeur de plus de 80 millions de francs. Voyez ce que rapporte le travail !

Au-dessus de ces amas de fabriques enfumées, deux églises projettent de hardis clochers vers le ciel, pour rappeler aux travailleurs qu'ils ne sont pas des bêtes de somme, et que leur pensée doit monter parfois vers le monde d'en haut ; pour faire comprendre surtout aux chefs d'usine que leur mission ne se borne pas à s'enrichir, mais qu'ils ont charge d'âmes, et qu'il leur faut pourvoir aux besoins intellectuels et religieux de tant de pauvres ouvriers courbés sous d'écrasants labeurs.

Oissel.

Nous rencontrons des îles, charmantes forêts de saules et de peupliers. La plus grande de ces îles se nomme *Oissel*. Oissel, cette touffe verdoyante que nous laissons derrière nous, fut autrefois la terreur de toute la contrée. Les Normands dont je vous ai déjà parlé, ces pirates du neuvième et du dixième siècle qui vivaient de guerre et de rapines, avaient, à Oissel, comme à Vernon, établi un repaire fortifié, d'où, sur leurs barques d'osier, ils s'élançaient aux rives de la Seine, pillant villages, églises et monastères. Les Normands de nos jours, il faut le reconnaître, ne pillent plus les habitations et sont de fort paisibles propriétaires. Ils se plaisent seulement, dit-on, à quereller les gens et à leur faire des procès. Mais c'est là certainement un faux bruit, méchamment répandu par les Gascons, lesquels répondent ainsi aux Normands, qui les accusent eux-mêmes, à tort sans doute, de ne pas toujours dire absolument la vérité.

Voici des maisons qui sortent du fleuve; puis des quartiers tout entiers surgissent au pied de hautes collines. Où sommes-nous ? Nous arrivons dans une grande ville, ville très industrielle et très commerçante, remarquable par ses beaux monuments, et où s'est passé l'un des faits les plus saisissants et les plus douloureux de l'histoire de France, le supplice de Jeanne d'Arc, dans la capitale de l'ancienne province de Normandie ; nous sommes à Rouen. Ici, naturellement nous allons quitter notre bateau, et nous arrêter quelque temps : qu'en dites-vous? Allons, sautons à terre !

Nous cheminons sur le quai, à l'extrémité d'une rue qui précisément porte le nom de Jeanne d'Arc. Remontons cette rue ; puis, tenez, comme nous avons chaud et bien soif, nous allons entrer dans une salle dont la porte s'ouvre là, dans cette petite rue, auprès de cette voûte sombre que surmonte une *grosse horloge*, au pied de la vieille tour du beffroi. Qui veut boire un verre de cidre?

Les enfants : Moi! moi!

Vincent. — Qu'est-ce que c'est que ça, le cidre? je n'en ai jamais bu.

— Au fait, tout le monde ne connaît pas cette liqueur. Eh bien! le cidre est fort en usage dans cette région, parce que la Normandie est le pays des pommiers, — vous avez bien entendu parler des beaux vergers de Normandie, — et que le bon cidre est une boisson fortifiante et piquante, beaucoup moins chère d'ailleurs que le vin. Savez-vous comment on fait le cidre? On met les pommes sous le pressoir qu'on serre au moyen d'une

Rouen.

grosse vis en bois que fait tourner un cheval ; on recueille le jus qu'on mélange avec plus ou

Porte de la grosse horloge.

moins d'eau, et quand le cidre a passé un certain temps dans le tonneau, ou mieux encore dans des bouteilles de grès, c'est une boisson d'un goût fort agréable. Certains cidres d'une qualité supérieure font sauter les bouchons comme le vin de Champagne; et, à en boire trop, on se griserait parfaitement.

Reprenons notre promenade. De la grosse horloge au *palais de justice*, il n'y a qu'un pas. Ce palais est un des plus curieux monuments de la ville, une merveille de la fin du quinzième siècle. Voyez ces grandes croisées aux élégantes colonnettes, au gracieux frontispice, qui s'élèvent de la base du toit; cette balustrade finement sculptée qui règne tout autour de l'édifice, puis cette charmante tour à huit faces revêtue de sculptures comme d'un habit de dentelles. On passerait ici des heures entières!.

Nous continuons. Nous sommes devant l'hôtel de *Bourg-Theroulde*, très belle construction du seizième siècle dont la tour est ornée d'intéressants bas-reliefs. La façade de l'hôtel donne sur la place du *Vieux-Marché*, ou place de la *Pucelle*, vieux mot qui veut dire jeune fille : c'est ici que fut brûlée Jeanne d'Arc.

Jeanne d'Arc! vous savez, cette pauvre fille, si pieuse et si vaillante, qui, au moment où la France était la proie des Anglais et semblait à jamais perdue, se déclara tout à coup investie par Dieu de la mission de battre les vainqueurs, et de les jeter hors du royaume. Je vous conterai tout au long cette merveilleuse histoire quand nous ferons le voyage d'Orléans. Mais ici, à Rouen, il ne s'agit pour la pauvre Jeanne ni de combats, ni de victoires; il n'est question que d'un affreux supplice.

Faite prisonnière à Compiègne et vendue aux Anglais, celle qui avait conduit le roi à Reims et l'y avait fait sacrer, fut traînée à Rouen et condamnée à périr par le feu.

Ici même, sur cette place où nous sommes, on avait dressé un grand amas de bois. Jeanne fut amenée dans une charrette. Après s'être agenouillée, et avoir dit qu'elle pardonnait à tous, l'infortunée dont le crime était d'avoir trop aimé la France monta tranquillement sur le bûcher. Quand elle fut au sommet, et qu'elle contempla tout ce peuple à ses pieds : « Ah! Rouen! Rouen! s'écriat-elle, je prie Dieu que tu n'aies pas à souffrir de ma mort! » Puis elle demanda une croix. Un soldat anglais lui en tendit

Palais de justice de Rouen.

une faite de deux bâtons. Jeanne la baisa et la mit sur sa poitrine. Tous les assistants fondaient en larmes.

On la lia alors à un poteau qui s'élevait du milieu du bûcher, et le bourreau mit le feu. Jeanne vit la flamme étinceler et grandir. Comme son confesseur s'oubliait pour l'assister, sans prendre garde au feu, elle l'avertit et le contraignit à descendre.

La flamme montait. « Tout ce que j'ai fait, s'écria-t-elle, je l'ai fait du commandement de Dieu. » Comme le feu l'enveloppait, elle prononça une dernière fois le nom de Jésus, et rendit l'esprit.

Au milieu des sanglots de la foule, quelques Anglais s'efforçaient de rire; mais l'un d'eux, un officier du roi d'Angleterre, laissa entendre ces paroles : « Nous sommes perdus ; nous avons brûlé une sainte ! »

Voilà ce qui s'est passé à Rouen, sur le Marché-Vieux. Vous en souviendrez-vous ? Je parie que vous aurez toujours sous les yeux la place où fut dressé le bûcher de Jeanne d'Arc.

Nous sommes maintenant sur le parvis de la cathédrale. Voyez cette profusion de colonnettes, de clochetons, de sculptures de tout genre qui ornent le grand portail. Les ogives qui encadrent les immenses vitraux de chaque côté de la grande rosace se terminent par des courbes ondulées qui, se réunissant en pointes, peuvent être comparées à des flammes agitées par le vent : c'est pour ce motif qu'on a désigné les ornements de cette nature sous le nom de style *flamboyant*. Les monuments où l'on remarque un tel système d'ornementation sculpturale datent de la dernière période de l'art ogival, c'est-à-dire du xve siècle. A cette période appartient la façade de la cathédrale de Rouen.

Entrons. L'intérieur de l'église rappelle beaucoup Notre-Dame de Paris, avec ses trois grandes rosaces qui versent dans l'immense nef une lumière colorée de toutes les nuances. Mais voici quelque chose de nouveau : nous sommes au milieu du transept, regardez au-dessus de vos têtes : la voûte est percée et forme une sorte de tour creuse qui se prolonge très haut et qui est éclairée par des vitraux de tous les côtés : on appelle cette tour une *lanterne*. Elle se terminait autrefois à l'extérieur par une pyramide élancée qui couronnait tout l'édifice. Cette pyramide a été renversée par la foudre, il y a soixante ans; on l'a remplacée par une nouvelle flèche en fonte qui pèse l'énorme poids de 500,000 kilos et qui, au reste, s'harmonise fort mal avec l'édifice en pierres.

Avant de sortir, jetons un regard, dans la chapelle de la Vierge, sur un magnifique tombeau surmonté d'admirables sculptures: c'est le tombeau du cardinal Georges d'Amboise, ministre de Louis XII, dont nous avons déjà parlé.

Sortons de l'église par cette belle porte qu'on appelle le *portail des libraires*, et au-dessus de laquelle est sculpté le jugement dernier. De là nous apercevons l'une des tours de l'église. Vous ne savez pas le nom de cette tour: on l'appelle la *tour de beurre;* pourquoi cela? parce qu'elle a été bâtie avec le produit des aumônes que donnaient, en carême, les bonnes gens qui obtenaient la dispense du *lait et du beurre*.

Nous n'avons pas le temps d'entrer dans l'église *Saint-Maclou*, bien que ce soit un des plus curieux monuments du xve siècle, et qu'on y voie un jubé admirable. Vous vous rappelez ce que c'est qu'un jubé, nous en avons parlé quand nous avons visité Notre-Dame de Paris; c'est cette grande galerie à jour fermant le chœur, du haut de laquelle on lisait l'Évangile.

Nous sommes dans le quartier Martinville, le quartier de Rouen le plus vieux et le plus pauvre. Vous avez sous les yeux ces anciennes rues étroites, et ces sombres maisons qu'habitaient les bourgeois et les marchands tant soit peu à leur aise, il y a quelques trois ou quatre cents ans, mais où se réfugient aujourd'hui les artisans les plus humbles, et où végète toute une population hâve et déguenillée. Ces maisons ont l'air de chanceler sur leurs bases; on dirait qu'elles s'appuient les unes sur les autres, pour ne pas tomber. La plupart sont construites en bois, avec des pans entiers refaits, à une époque récente, en plâtre ou même en boue, du moins aux étages supérieurs; et leur charpente apparente en fait la principale décoration. Il est vrai que les charpentes, aujourd'hui dévorées par les vrillettes, rongées de mousse ou décomposées par la pluie, étaient souvent couvertes de peintures ou artistement sculptées. Examinons bien : les maisons, de hauteur très inégale, se terminent toutes par un pignon de forme aiguë dont la saillie est soutenue, la plupart du temps, par deux pièces de bois arquées en ogive. Les étages surplombent les uns sur les autres, en sorte que les pièces du haut de la maison sont plus grandes que celles du bas qu'elles abritent contre la pluie, mais qu'elles assombrissent terriblement, il faut l'avouer. Certaines rues sont ainsi plus larges par le bas que par le haut, comme si les habitations, se menaçant de chaque côté, allaient se heurter front contre front.

Presque à chaque étage, ressortent, en un vif relief, des galeries ou balcons en bois, où les habitants prennent l'air, et qu'abritent des auvents revêtus d'ardoises. Ces galeries sont surchargées aujourd'hui de draps troués, de jupons en loques, de toutes sortes de hardes qu'on y met sécher, lesquelles témoignent de tout autre chose que de l'opulence des habitants. Entre les fenêtres à croisillon des divers étages s'étendent de grosses solives horizontales ou des panneaux de bois. Souvent ces solives et ces panneaux étaient finement sculptés et offraient à la vue de véritables œuvres d'art. Tout cela, à présent, s'effondre ou se détraque.

Les rez-de-chaussée, comme vous voyez, fâcheusement privés de soleil, sont obscurs et humides. Le seul avantage que leur assure la disposition des étages supérieurs est de les abriter contre les eaux du ciel, lesquelles se trouvent rejetées dans le ruisseau qui coule au milieu de la rue, et non le long des trottoirs, qui n'existent pas.

Il faut avouer que nos larges rues modernes, si elles ont un aspect bien monotone, bordées qu'elles sont de maisons d'une vulgarité insupportable et de façades d'une platitude exemplaire, ont cette supériorité incontestable de laisser pénétrer à flots l'air, la lumière, le soleil, et que les gens, comme les plantes, y peuvent respirer, ce qui est la première condition de la santé. Aussi la moyenne de la vie humaine s'est-elle notablement augmentée dans nos villes; et c'est bien quelque chose, dût y perdre la physionomie pittoresque de la plupart des habitations.

Ces vieilles maisons tomberont bientôt; on les remplace déjà, îlots par îlots, et l'on a raison : mais quelques-unes subsisteront, il faut l'espérer, par exemple, celle qui fait le coin de la rue du Grand-Pont, à l'entrée de la place de la Cathédrale : c'est une charmante habitation du xv° siècle, on la dirait échappée au ciseau de quelque artiste florentin; puis cette autre maison de la rue de la Pie, beaucoup moins belle, mais qui, au-dessus de la porte, montre gravée, en lettres d'or, cette inscription : *Ici est né* PIERRE CORNEILLE, *le* 6 *juin* 1606.

Corneille! qui connaît ce nom-là? vous êtes trop jeunes encore, cela est vrai pour avoir lu quelque chose de ce grand poète, le premier de nos auteurs dramatiques. Vous admirerez ses œuvres, dans quelques années; en attendant, je veux que vous reteniez ces deux vers que dit l'un de ses héros, au moment de se battre :

> Je suis jeune, il est vrai; mais aux âmes bien nées
> La valeur n'attend pas le nombre des années.

Voilà ce que chacun de vous peut se dire, quand il lutte de son mieux pour être le premier, dans une composition, ou pour gagner la croix.

Nous remontons par la rue Saint-Vivien, et nous arrivons sur une place qui est un jardin planté de beaux arbres. Oh! ces grandes tours! il y en a deux terminées en pointes aiguës, et, plus loin, une troisième que surmonte une galerie en pierres. C'est encore une église, et la plus célèbre de Rouen, c'est Saint-Ouen.

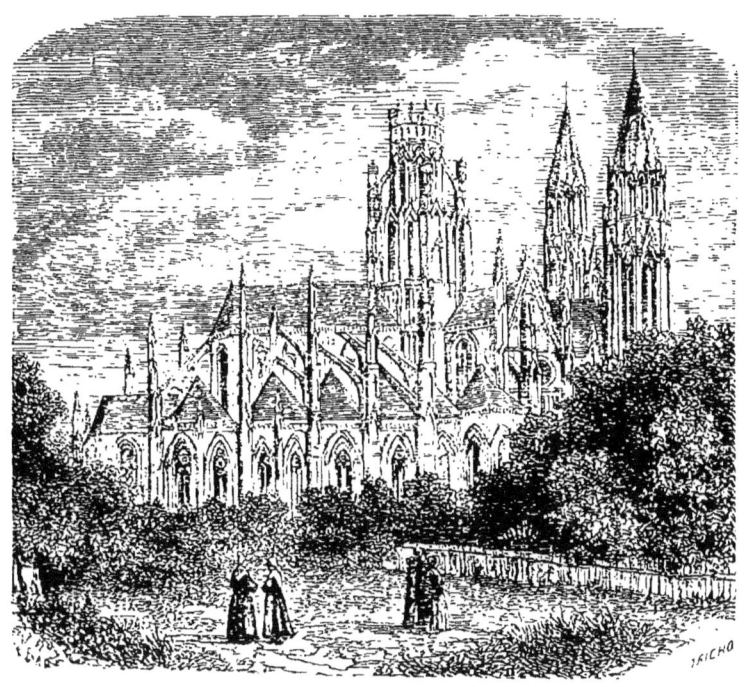

Église Saint-Ouen.

Entrons. Voyez l'immense nef entourée de véritables gerbes de colonnes, qui, merveilleusement sveltes et fines, s'élèvent d'un élan radieux vers le ciel. Ces longues files d'arcades, illuminées de toute sorte de feux par les trois rosaces du grand portail et des deux bras de la croix, se prolongent, dans une perspective harmonieuse, comme feraient de grandes rangées d'arbres au milieu d'une forêt. Jamais la pierre taillée de la main des hommes n'a pu réaliser plus de grâce, plus de délicatesse, et en même temps plus de puissance et plus de majesté. Cette nef de 150 mètres de long, cette voûte qui semble se perdre dans l'entrecroisement des colonnettes et des nervures, sont éclairées par 125 fenêtres sur trois rangs, ornées de vitraux magnifiques. Véritablement, après Notre-Dame de Paris, on est tenté de s'écrier : Voici le chef-d'œuvre de l'architecture ogivale !

Une remarque vraiment curieuse. Vous voyez bien ce grand bénitier de marbre, tout près du premier pilier du portail de droite : approchez-vous, et regardez, en inclinant la tête. Vous apercevez, se reflétant dans l'eau, la voûte entière avec ses mille arceaux. C'est un phénomène d'optique qui mérite d'être remarqué.

Il y a une histoire tragique, et je veux vous la dire, à propos des deux rosaces qui flamboient à chaque extrémité des bras de la croix.

Elles avaient été confiées à un fameux maître sculpteur et verrier de ce temps-là, Alexandre Berneval, lequel abandonna la rose de l'est au ciseau de l'un de ses élèves. L'œuvre achevée, il se trouva que l'élève avait surpassé le maître. Que fit celui-ci? Vous croyez sans doute qu'il félicita son disciple, et l'embrassa devant tout le peuple assemblé; certes, moi j'aurais fait cela, ce me semble. Car, que doit désirer un maître, si ce n'est de se voir surpassé, quelque talent qu'il ait? — Hélas! il en fut autrement. Berneval furieux se jeta sur son élève, et le poignarda. Voilà un professeur qui n'était pas très commode!

Regagnons le quai, reprenons notre bateau, et en route pour une autre grande ville, la dernière celle-là, pour le Havre!

Voyez-vous tous ces mâts, tous ces tuyaux de machines à vapeur? c'est une véritable flotte que nous trouvons ici sur la Seine; et, en vérité Rouen est presque devenu un port de mer. Savez-vous que par suite des grands travaux exécutés dans le fleuve, des navires, plongeant de cinq mètres dans l'eau, peuvent remonter jusqu'à Rouen? Aussi quel mouvement continuel de vaisseaux qui s'entrecroisent, les uns *important* des marchandises, les autres *exportant* des produits : fruits, beurre, huiles, œufs, fromage, volailles, vins, eau-de-vie, cidre et toute sorte de comestibles achetés par l'Angleterre; puis, chanvres, lins, laines, garances, lingerie, dentelles, vêtements confectionnés, mercerie, livres, peaux préparées et toutes ces étoffes de coton désignées sous le nom de *rouennerie*. La rouennerie compte, dans la ville, près de 200 fabricants qui produisent chaque année 600,000 pièces d'une valeur d'environ 40 millions. Pensez-vous que cela en vaille la peine?

DIXIÈME CAUSERIE

Bon-Secours. — Les replis de la Seine. — Caudebec. — Le mascaret. — Le fleuve devenu golfe. — Le mal de mer. — Côte d'Ingouville. — Le Havre à nos pieds. — Les navires de toutes les parties du monde. — Le commerce. — L'échange universel. — La guerre. — La mer. — Les marins. — Je veux être amiral! — Le sable; les galets. — La marée. — Les navires sur le flanc; la mer en fuite. — Les grandes marées. — L'inondation universelle. — Notre navigation. — A quand un nouveau voyage?

Nous laissons à notre droite une colline que couronne *Notre-Dame de Bon-Secours*, charmante église moderne qu'on croirait être du treizième siècle ; puis la Seine se replie trois ou quatre fois sur elle-même : on dirait qu'elle avance à regret vers la mer, et qu'elle cherche à se dérober en traçant les courbes gracieuses qui triplent le parcours de ses eaux. Mais elle a beau faire, force est bien de suivre la pente qui l'attire vers le gouffre ; et nous arrivons à *Caudebec*. Ici encore, une de ces magnifiques églises semées à profusion, en Normandie, jusque dans les plus petites villes.

Le clocher de Caudebec atteint plus de 100 mètres de hauteur.

Mais dites-moi, ne vous apercevez-vous de rien ? il semble que notre bateau se soulève par instants, sur des nappes d'eau qui se gonflent : c'est le flux de la mer qui se fait déjà fortement sentir. Nous approchons de cette mer que vous avez si grande hâte de voir. Dieu ! comme la Seine s'élargit ! à peine distinguons-nous les rives. Nous voici en vue de *Quillebeuf*. Ici, et jusqu'à Caudebec même, à certaines époques, au moment des grandes marées, vous verriez un flot de 2 ou 3 mètres de hauteur repousser furieusement le fleuve qui semble remonter vers sa source, et secouer çà et là les navires : c'est ce qu'on appelle le *Mascaret*.

Avançons toujours. Mais à partir de Quillebeuf, la Seine, à vrai dire, n'est plus un fleuve, c'est un golfe où ses ondes se mêlent aux flots de la mer. Goûtez l'eau ; comment la trouvez-vous ? c'est salé, n'est-ce pas, et pas trop bon. Si vous en buviez un verre, vous auriez bien mal au cœur.

Mal au cœur ! mais c'est déjà fait, ce me semble. Eh bien ! qu'est-ce que vous avez donc, George, et vous Ernestine ? on dirait que vous pâlissez. Ce n'est pas étonnant, et ne vous effrayez pas. Depuis quelque temps, notre bateau est agité par le mouvement de la mer, et par ce qu'on nomme le roulis ; et, si nous restions encore un quart d'heure à naviguer, vous deviendriez tout à fait malades ; vous auriez ce qu'on appelle le mal de mer. Dépêchons-nous donc !

Nous avons passé *Honfleur ;* la Seine, ou plutôt le golfe, a ici près de dix kilomètres de large ; on perd de vue tout à fait la rive gauche. Heureusement, nous apercevons la jolie côte d'Ingouville qui domine le Havre ; puis voici qu'une forêt de mâts se dresse devant nous. Nous entrons dans un grand port, nous sommes au *Havre ;* et nous pouvons être fiers, car enfin nous venons de parcourir en bateau, je vous l'ai dit déjà, plus de 800 kilomètres.

Et ce qu'il y a de plus étonnant, c'est que nous ne sommes pas du tout fatigués ! Montons sur la côte d'Ingouville. La vue splendide que nous offre la mer sillonnée de vaisseaux ! à nos pieds, la ville avec ses huit bassins encombrés de bâtiments de toute provenance et de toute grandeur. Savez-vous que le commerce du Havre s'élève presque au quart de celui de la France entière ? le monde entier envoie ici des navires : les États-Unis fournissent le coton, le tabac, le riz, des potasses, des résines, et, en cas de besoin, quand la récolte a été mauvaise en France, du blé ou des farines. Le Brésil expédie du café, du sucre, du cacao, du tapioca, des bois de palissandre ; Haïti, des bois d'acajou et de campêche ; de la Plata et de l'Uruguay viennent par millions ces boîtes, en fer blanc, de viande de bœuf et de porc qu'on trouve aujourd'hui chez tous les épiciers, — vous savez, vos mamans en ouvrent parfois devant vous avec un instrument en fer, — des cuirs, des crins, des cornes (car dans ces pays-là on élève au milieu de prairies, qui n'en finissent pas, d'innombrables troupeaux) ; de l'Inde et de la Chine arrivent du riz, du thé, de la cannelle, du café, de l'indigo, du coton, etc., etc. En échange de toutes ces marchandises, les navires qui partent du Havre portent dans toutes les parties du globe l'immense variété des produits de l'industrie française, et en particulier de l'industrie du département dont Rouen est le chef-lieu. Car

Le Havre.

vous le voyez, tous les pays sont liés les uns aux autres ; chacun est obligé de compter sur tous, et nul ne pourrait satisfaire aux besoins si nombreux et si variés de l'homme civilisé, c'est-à-dire de vous, de moi, de vos parents, de tous en un mot, s'il s'isolait et fermait ses frontières. De là le commerce, c'est-à-dire le perpétuel et universel échange des denrées, des produits naturels ou fabriqués, entre toutes les régions du monde. Si malheureusement ce mouvement général vient à être entravé, si, par exemple, une guerre suspend tout à coup ce travail incessant et régulier, quelle désastreuse perturbation ! Il arrive alors pour les peuples entre lesquels éclate cette guerre, et même pour tous les peuples (puisque tous se tiennent) ce qu'il advient pour le corps humain quand la circulation du sang vient à s'arrêter. Les extrémités ne recevant plus de nourriture, les membres se paralysent ; et si cette interruption dure trop longtemps, la vie se ralentit peu à peu, et voilà un homme mort !

Nous n'avons pas de monuments remarquables à visiter dans la ville, mais nous en avons déjà tant vu !

Le grand monument du Havre, c'est la mer. Regardez : la mer en ce moment est parfaitement calme, toute étincelante sous les feux du soleil, et les lames expirent doucement sur le rivage. Demain, que les nuages voilent le ciel, que le vent souffle, et que l'orage se déchaîne, vous verrez toute cette immense plaine liquide s'agiter et bondir, d'effroyables masses d'eau se soulever et déferler, comme on dit, en écumant contre les rochers. Et les barques des pêcheurs que leurs voiles blanches entraînent paisiblement à l'horizon, les grands vaisseaux que vous voyez sortir du port, avec une si tranquille majesté, que deviendront-ils ? — hélas ! à la garde de Dieu !

Pauvres matelots, peut-être ne rentreront-ils pas tous au port ! et il se peut faire que, dans quelques jours, des femmes et des enfants pleurent le mari et le père qui les embrassaient tout à l'heure en mettant le pied sur le navire. C'est une vie périlleuse, vous le voyez, mais c'est une belle vie que celle du marin : car il y faut déployer beaucoup de courage, de résolution et de sang-froid ; et, dans cette lutte perpétuelle avec le danger, les habitants de nos côtes, les *loups de mer*, comme on dit, acquièrent presque toujours une vigueur d'esprit et de corps, une énergie de caractère qui ne distinguent pas toujours les bourgeois de nos grandes villes.

Et les officiers de marine, ces jeunes gens qui par beaucoup de travail ont acquis l'instruction nécessaire pour diriger les grands bâtiments de guerre, commander aux équipages, s'orienter à travers l'Océan, et, devenus amiraux, engager, au besoin, pour la défense du pays, ces terribles luttes qu'on appelle des batailles navales — (vous savez, je vous ai montré un grand tableau l'autre jour, où l'on voit des vaisseaux à moitié en flammes) voilà des gaillards qui ne sont pas des poules mouillées ! — L'autre jour, en vous parlant des personnes qui gagnent vaillamment la décoration, j'ai oublié, je le crois vraiment, de vous nommer les marins. Ah ! certes les braves gens qui bataillent perpétuellement avec les vagues sont dignes, entre tous, de porter le signe d'honneur : qu'en pensez-vous ?

Charles. — Oh ! des batailles sur l'eau. Comme j'aimerais cela ! Eh bien ! madame, je me ferai amiral.

Navire sortant du port.

Autres voix. — Moi aussi! — Et moi donc!

Georges. — Oh! bien, pas moi, on a trop mal au cœur quand on va sur la mer.

— Qu'à cela ne tienne, tu t'y habituerais, sois tranquille.

Maintenant que nous avons bien regardé la ville entière, ses ports, ses bassins, ses milliers de navires, du haut de notre colline d'Ingouville, descendons, et promenons-nous quelque peu sur le rivage.

Que remarquez-vous? nous avons devant nous une belle plaine de sable fin que nous n'apercevions pas tout à l'heure. Sur le rivage, il y a peu d'instants, de gros cailloux ronds qu'on appelle des *galets*, dégringolaient les uns sur les autres, roulés par les lames qui se déployaient avec un grand bruit; à présent, plus d'eau, mais du sable, du sable très doux sur lequel courent, pieds et jambes nus, les enfants et les femmes, avec de petits filets à pêcher les crevettes. Et la mer? la mer, il faut l'aller chercher à un quart de lieue; en toute vérité, elle est en fuite, comme si elle avait peur d'être ramenée au rivage.

De plus, voyez ces barques de pêcheurs et ces navires dans le port. Au lieu de flotter

La grève à marée basse.

fièrement, la cale enfoncée sous les eaux, les voici sur le flanc, piteusement couchés dans la vase. Le vent a beau souffler, plus de balancement sur les vagues, plus de sillon étincelant tracé par la proue du navire; pauvres vaisseaux, pauvres barques! ils semblent tout penauds de ne pouvoir répondre à l'appel: que vont-ils devenir?

Joseph. — Mais, madame, la mer est donc partie pour tout à fait? où est-elle donc allée?

— Rassurez-vous, mes enfants, elle reviendra dans quelques heures. La force mystérieuse qui l'entraîne en ce moment la ramènera sur ses rives, et remettra les navires à flot. Deux fois par jour, l'Océan se soulève et s'abaisse. Les eaux s'élèvent pendant à peu près six heures; alors, elles couvrent les rivages, et remontent dans les fleuves à de très grandes distances, comme vous l'avez vu à Caudebec. Ce mouvement est le *flux* ou la *marée montante;* parvenu à sa plus grande hauteur, l'Océan reste quelque temps au repos; c'est la *pleine mer* ou la *marée haute*. Puis, peu à peu ses flots s'abaissent et se retirent par un mouvement de *reflux :* c'est la *marée descendante*, qui sera suivie d'un nouveau mouvement de retour; et toujours ainsi, sans fin ni trêve.

Ces va-et-vient de la mer proviennent, disent les astronomes, d'une force d'attraction qu'exercent sur sa masse colossale les mouvements combinés du soleil et de la lune; on vous expliquera cela quand vous serez bien savants.

Parfois, lors des grandes marées, l'Océan dépasse quelque peu les limites ordinaires, et ses flots semblent livrer l'assaut aux rivages qu'ils envahissent. Si un beau jour, il allait ne pas s'arrêter, par hasard! que deviendraient les hommes, les forêts et les villes? ce serait l'inondation irrésistible et le déluge universel; tout disparaîtrait dans l'abîme. Il est heureux, n'est-ce pas? que Dieu soit plus fort que l'Océan, qu'il lui ait dicté des lois, et qu'il lui ait dit, en traçant ses rivages : tu n'iras pas plus loin!

Eh bien! mes enfants nous avons achevé notre voyage; et nous sommes venus à bout de notre grande entreprise. Savez-vous que nous avons de quoi être quelque peu fiers?

Avoir suivi le cours d'un beau fleuve, de sa source à son embouchure, regardant bien et observant tout avec attention; avoir visité de grandes villes; avoir causé de tout ce que nous rencontrions; avoir fait connaissance avec une multitude de choses, de personnages anciens et modernes, de curiosités de toute nature; nous être mis dans la mémoire quantité de noms d'hommes et de lieux, et dans l'esprit une foule de récits curieux, et de notions intéressantes; nous trouver en mesure de dire comme dans la fable :

> Quiconque a beaucoup vu
> Doit avoir beaucoup retenu.

De plus, et surtout, avoir rapporté de notre voyage le désir de revoir les objets et les lieux saisis au passage, de lire les ouvrages se rapportant aux pays que nous avons traversés, c'est quelque chose, tout cela, savez-vous bien?

Nous verrons dans quelque temps si vous aurez conservé le souvenir de ce que nous avons vu, dit et fait ensemble; et si, comme je l'espère, il en est ainsi, pourquoi n'entreprendrions-nous pas un autre voyage sur un autre fleuve?

Les voyages, c'est si amusant!

A LA MÊME LIBRAIRIE

MANUEL

DE

L'ENSEIGNEMENT PRIMAIRE

PÉDAGOGIQUE, THÉORIQUE ET PRATIQUE

(Ouvrage couronné par l'Académie des sciences morales et politiques)

Par M. Eugène RENDU

Inspecteur général honoraire de l'instruction publique,
ancien président de délégation cantonale.

NOUVELLE ÉDITION, REMANIÉE ET TRÈS AUGMENTÉE

AVEC LA COLLABORATION DE

M. A. TROUILLET

Inspecteur de l'Instruction primaire.

1 vol. in-8 de 600 pages, broché................. 6 fr.

Cette édition se présente au corps enseignant revêtue des sanctions les plus hautes. Couronnée par l'académie des sciences morales et politiques et placée par la commission compétente au nombre des livres destinés aux bibliothèques pédagogiques et aux écoles normales, elle a été honorée d'une souscription du ministère de l'instruction publique.

Cette œuvre répond directement au grand mouvement scolaire si heureusement accompli sous nos yeux. Par son caractère à la fois théorique et pratique, elle s'adresse aux hommes d'études spéculatives et aux hommes du métier. Nous la recommandons particulièrement aux instituteurs qui se préparent aux examens du certificat d'aptitude pédagogique et à l'enseignement des écoles normales.

5407-82. CORBEIL. — Typ. et stér. CRÉTÉ.

www.ingramcontent.com/pod-product-compliance
Lightning Source LLC
Chambersburg PA
CBHW060140100426
42744CB00007B/843